C51133

監修者——五味文彦／佐藤信／高埜利彦／宮地正人／吉田伸之

［カバー表写真］
極東国際軍事裁判の法廷

［カバー裏写真］
今に生きる第五福竜丸

［扉写真］
松川事件
（1949〈昭和24〉年 8 月17日）

日本史リブレット 101

占領・復興期の日米関係

Sasaki Ryūji
佐々木隆爾

目次

①
日本占領と戦後改革———1
占領軍による本土改造の方針／占領軍の機構と配置／戦後改革の開始／社会構造と経済体制の改革／憲法改正／東京裁判／冷戦のなかでの「日本復興」／占領政策の転換

②
朝鮮戦争と日本の「基地国家」化———34
朝鮮戦争の開始／朝鮮戦争のなかの日本／未然に終った原爆投下計画／対日講和への動き／米軍駐留を継続するための論理

③
サンフランシスコ講和と日米安保条約———54
サンフランシスコ講和会議への道程／日米安保条約の締結／保安隊の創設／池田・ロバートソン会談／防衛庁と自衛隊の発足

④
経済高度成長政策と岸内閣———80
インドシナ戦争の終結とロストウ路線／ビキニ水爆実験被爆と原水禁運動／岸内閣の登場と役割／日米安保条約改定交渉の開始／警職法闘争／安保改定阻止国民会議の誕生と新条約調印

①—日本占領と戦後改革

占領軍による本土改造の方針

一九四五(昭和二十)年九月二日、東京湾に浮かぶ米戦艦ミズーリ号上で降伏《こうふく》文書《ぶんしょ》調印式が行われた。連合国軍《れんごうこくぐん》側は最高司令官マッカーサー▲をはじめ交戦国九カ国の代表、日本側は政府および大本営《だいほんえい》代表(重光葵《しげみつまもる》▲と梅津美治郎《うめづよしじろう》▲)が出席した。マッカーサーは一八五四(嘉永《かえい》七)年にペリーが来航した際に掲げた軍艦旗をこの日のために取りよせ、これを誇示した。

九月二十二日、アメリカ政府は「降伏後における米国の初期の対日方針」を発表し、占領政策の基本を提示したが、そこで日本の主権は、本州・北海道・九州・四国その他付近の島嶼《とうしょ》に限定されるとされた。台湾・朝鮮など旧帝国《ていこく》領の返還はもとより、「琉球処分《りゅうきゅうしょぶん》▲」(一八七九〈明治十二〉年)も認めないことになったのである。また、各国間に意見の相違が生じた場合には「米国の政策が決定力を持つ」とし、事実上アメリカの単独占領となることが示された。政治の面では「武装解除と軍国主義の排除」をテーマとして、軍隊・軍事機構の解体はもと

▼**ダグラス＝マッカーサー**　一八八〇〜一九六四年。米極東軍司令官となり、対日開戦直後"I shall return."と言い残してフィリピン島を撤退、反攻し、一九四五年日本を占領、連合国軍最高司令官を五年八カ月つとめた。

▼**重光葵**　一八八七〜一九五七年。外交官・政治家。大分県出身。東大卒。一九四三年、東条内閣外相。東久邇内閣外相として一九四五年九月二日、降伏文書に調印。A級戦犯で禁固七年の刑を受け、一九五〇年釈放。

▼**梅津美治郎**　一八八二〜一九四九年。軍人。大分県出身。陸大卒。一九四四年参謀総長、四五年九月降伏文書に調印。A級戦犯で終身刑。

▼**琉球処分**　一八七九年、明治政府が武力で琉球王朝を廃して沖縄県とし、清《しん》国の宗主権を否定した事件。清国は猛反対した。

より、秘密警察組織の解散、軍国主義や過激国家主義による教育の排除などが求められた。明治期以後の「富国強兵《ふこくきょうへい》」政策と戦争のなかでつくりあげられた軍事機構が、全面的に解体されることになったのである。経済の面では、「経済上の非軍事化」が課題とされ、兵器や軍艦艇の生産・修理などの禁止に始まり、軍事力の強化に結びつく可能性のある学問研究までも禁止▲の対象とされた。軍事機構の経済的・学問的基盤を全面的に取り除くことがめざされたのである。近代日本の重化学工業は、軍事力の強化と密接につながって育成されてきたわけであるから、このような日本経済の体質を根本から変えようとしたのである。

　これらを通観してみると、近代日本が歩んできた「富国強兵」と「大日本《だいにっぽん》主義」の道を清算し、近隣諸国との平和的共存と国民の生活・福祉水準の向上をめざす道へと軌道を切りかえさせようとする意図が読みとれる。

占領軍の機構と配置

　一九四五（昭和二十）年十月二日、連合国軍最高司令官総司令部▲（ＧＨＱ／ＳＣＡＰ）が設置された。マニラで組織された軍政局が改組・拡大されたもので、

▼**軍事的学問研究の禁止**　米軍は、たとえば京都大学に設けられた超小型のサイクロトロンまで破壊、残骸を琵琶湖にすてた。サイクロトロンは原子・素粒子などの加速実験装置で、軍事的研究施設ではなかった。

▼**連合国軍最高司令官総司令部**　General Headquarters of the Supreme Commander for the Allied Powers(GHQ/SCAP). 連合国軍最高司令官のための参謀組織。原型はマッカーサーを中心にフィリピンで組織され、九月二日の降伏文書調印直後、横浜に太平洋陸軍総司令部(GHQ/AFPAC)がおかれ、十月二日、東京の第一生命ビルを本拠に連合国軍最高司令官総司令部が確立。軍事行政と民事行政のための機関で、G―2(参謀二部)、GS(民政局)が有名。

戦後改革を担当する幕僚部には一四の部局が設けられ、局長や部長・次長には軍人が配置されたが、スタッフには民事行政に適性のある者が集められた。これは日本の政治・経済・文化を徹底的に改造しようという姿勢を示すものであり、占領管理が長期にわたることを見越した組織づくりがなされたのである。既存の日本政府をとおして占領行政を実施する間接統治方式がとられたが、占領政策に対する無視やサボタージュに対しては厳しく監視された。また日本の新聞・雑誌記事の詳細な翻訳・分析や、私信までもの開封・調査を通じて日本人世論の動向を把握する作業は、実に神経質に進められた。

ＧＨＱを支え、それに威信と実力をもたらしたのは、その配下におかれた約四三万人の軍隊(一九四五年末現在)であった。これらは各種レベルの軍政本部と都道府県軍政部に組織された。各地域で米兵は地域住民が保有する武器・刀剣を没収したり、占領政策が実施されているかどうかの監視にあたったりしたのであるが、それ以上に兵士たちがジープで各地を巡回し、戦時中に根強く植えつけられた「鬼畜米英《きちくべいえい》」のイメージを一掃し、アメリカが「高度の科学と人道主義に立脚する文明国」であるという印象を浸透させたのである。

戦後改革の開始

降伏文書の調印がなされた一九四五(昭和二十)年九月二日の午後、連合国軍最高司令官の指示を受け、天皇は「敵対行為を直ちに止め……帝国政府及大本営の発する一般命令を誠実に履行」せよと命じた詔書《しょうしょ》を発し、これを受けて東《ひがし》久《く》邇《に》稔彦《なるひこ》▲内閣(八月十七日成立)は日本陸海軍に対して一般命令第一号を発表した。これにより停戦・降伏・武装解除が実施に移され、ポツダム宣言▲の柱の一つがきわめて効率的に具体化された。また、戦時中に機能していた統治機構(大政翼賛会《たいせいよくさんかい》から町内会・部落会・隣組にいたる)が維持され、世界各地の敗戦国が経験したような社会秩序の混乱や革命運動が起こるのをおさえる役割を果たした。

東久邇内閣は、これまで戦争指導の最高機関として活動してきた「最高戦争会議」を「終戦処理会議」に改組し(首相・外相・陸相・海相・参謀総長・軍令部総長で構成)、戦争終結に関する方策の決定機関とした。この会議の事務局として外務省外局の形で「終戦連絡中央事務局」が設置され、連合国側との連絡・折衝の窓口となった。この人員は、廃止された大東亜《だいとうあ》省から便宜的に補充され、長

▼**東久邇稔彦**　一八八七～一九九〇年。皇族・軍人。京都府出身。陸大卒。一九四一年、防衛総司令官、四五年八月十七日、終戦処理内閣を組織し、十月四日の占領軍の民主化指令に対応できず、翌五日、総辞職。

▼**ポツダム宣言**　対日戦争の終結条件と戦後処理に関する米・英・中の共同宣言。一九四五年七月二十六日発表。米・英・ソのポツダム会談で決定、中国の同意をえて発表された。ソ連は八月八日の対日参戦で参加。一二項目からなり、(1)日本軍国主義の駆逐、(2)連合国による占領管理と民主改革、(3)日本の主権を本州・九州などの四島と付属の小島に限定、(4)戦争犯罪人の処罰、(5)日本の民主的傾向の復活と強化、(6)民主改革終了後は占領軍が即時撤退するなどを規定していた。

官には岡崎勝男《おかざきかつお》▲が就任した。大本営は九月十三日に廃止され、つづいて陸軍士《し》官学校《かんがっこう》・航空士官学校・海軍兵学校《へいがっこう》などの軍関係学校や教育総監部も廃止された。陸軍省・海軍省はそれぞれ第一・第二復員《ふくいん》省に変えられ、師団《しだん》司令部・鎮《ちん》守府《じゅふ》が復員監部・地方復員局などに改組され、軍隊の武装解除、復員、留守家族の援護などを行った。軍作業庁はその作業を中止し、徴用工《ちょうようこう》・挺身隊《ていしんたい》・勤労学徒などはただちに帰郷させられた。陸軍省・海軍省が廃止されたのは十二月一日であるが、このときまでに国内の軍人は一人残らず職務を解かれた。武器・装備は米第八軍に引き渡され、処分も完了した。民間の武器類(軍用銃砲・拳銃・仕込み銃・刀剣類)も没収されることとなり、所轄警察署を通じて引き渡され、処分された。

これとならんで、「本土決戦《ほんどけっせん》」と「生産防衛」のために結成された「国民義勇《こくみんぎゆう》隊《たい》」は八月二十三日解散し、つづいて「帝国在郷軍人会《ていこくざいごうぐんじんかい》」も八月三十日解散した。これで本土の武装解除が平穏に実施され、また民間人による武装反乱の可能性はなくなった。

これを背景に、ＧＨＱが主導する上からの改革が推進された。その第一弾は

▼岡崎勝男　一八九七〜一九六五年。神奈川県生まれ。東大卒。外交官・政治家。一九四五年六月、外務省調査局長となり、九月二日、降伏文書調印式に参加。敗戦後の米軍が直接占領政策を準備、英語の公用語化、通貨をＢ軍票とすることなどを企てているのを知り、交渉して間接統治に変えさせた。一九四九年衆議院議員に当選、五二年国務大臣として行政協定に調印。一九五四年、外相として日米相互防衛援助協定など四協定(ＭＳＡ協定)に調印した。同年四月、米国のビキニ水爆実験に協力すると講演、第五福竜丸被爆直後で猛反発を買い、以後の総選挙に連続落選し、政界を去った。

十月四日に日本政府にだされた「民権自由に関する指令」である。主眼は、「無責任なる軍国主義」の法律的・思想的基盤を取り除くことにあり、思想・信教・集会・言論の自由を妨げる役割を果たした法律・勅令《ちょくれい》・政令・規則などを一切無効にするよう求められ、治安維持法《ちあんいじほう》▲をはじめ思想犯保護観察法・軍機保護法・宗教団体法などが廃止された。天皇制については、「天皇、皇室制度および日本政府に対する自由な討議」に対する制限の撤廃は指示されたが、神権《しんけん》的《てき》天皇制を規定した「大日本帝国憲法《だいにっぽんていこくけんぽう》」▲は廃止の対象とはされなかった。

ついで特別高等警察などの秘密警察機関、内務省警保局・司法省刑事局思想課など、思想警察として言論・思想・信教の自由を抑圧し、検閲や取締りの先頭に立っていた諸機関が廃止され、内務大臣・警察部長・特高《とっこう》警察官などが罷免された。またこれらに圧迫・拘束されていた政治犯の釈放が命じられた。

これらは内容としては、日本を自由民権期に立ち返らせることではなく、「天皇機関説《てんのうきかんせつ》」的な議会運営と議院内閣制の時代に戻そうとするものであった。したがって、この改革はさしあたり「上から」、すなわち内務省とその末端機関である町内会・部落会・隣組を通じて実施され、民衆の立ち上がりの先手を打

▼**治安維持法**　戦前の代表的な治安立法。一九二五年四月、普通選挙法とともに制定された。「国体の変革」（天皇制の打倒）と私有財産制の否認を目的とする団体の組織者、参加者を処罰の対象とし、懲役ないし禁固刑としたが、一九二八年死刑を導入、協力者も処罰の対象にした。特別高等警察（特高）がこの法律を執行し、逮捕者に厳しい拷問を加えた。

▼**大日本帝国憲法**　戦前日本の最高法規で、一八八九年二月十一日発布、九〇年十一月二十九日施行。伊藤博文《ひろぶみ》らの起草した欽定《きんてい》憲法で、記紀神話を根拠に、天皇は天照大神《あまてらすおおみかみ》の「万世一系《ばんせいいっけい》」の子孫で神勅《しんちょく》により統治権を総攬《そうらん》すると規定した。他方で予算・法律には帝国議会の協賛が必要とされ、「政党政治（議院内閣制）」論の根拠となった。

って進められた。東久邇内閣は、この指令の実行は不可能として総辞職した。

社会構造と経済体制の改革

戦後改革の第二弾は、一九四五(昭和二十)年十月十一日に発せられた「民主化に関する五大改革指令▲」である。これは、軍国主義の基盤をなしてきた社会構造とそれを支えた経済体制を根本的に改造し、その復活を阻止することをめざすものであった。

この指令は、内容の面では戦前の婦人参政権運動・労働運動・自由教育運動・農民運動などが永年にわたって要求し続けた事柄に合致しており、GHQの改革の急進性を各方面に印象づけた。これが発せられたタイミングは絶妙であり、この指令のあとに再建・組織される日本共産党や日本社会党などの左派勢力は、これを支持して運動するほかはなく、占領軍と協調して戦後改革を促進するという政治路線をとることを余儀なくされた。また、財界・産業界・地主層も、まだ敗戦と占領の衝撃から立ち直れないあいだに財閥《ざいばつ》解体・農地改革・労働組合結成の承認などを求められ、それらに従順に従うしかなかった。

▼民主化に関する五大改革指令
GHQが一九四五年十月十一日に発した指令で、(1)婦人の解放、(2)労働組合結成の奨励、(3)学校教育の自由主義化、(4)秘密審問司法制度の禁止、(5)経済制度の民主主義化の五項目からなっていた。

こうして数十年にわたって日本の労働運動や社会運動が求め続けた民主的改革が、戦前のような反対を受けることなく一挙に日の目をみたのである。

この改革は、戦前日本の膨張主義的な経済構造を抜本的に改造し、国内住民の需要に応ずることを基本とするものに転換することをめざすものであった。

ＧＨＱは、戦時中の爆撃などの被害を修復する意図のないことを宣言したが、平和的経済活動の再開は奨励した。同時に国際貿易と金融に統制を加え、戦前になされた中国およびアジア諸地域との貿易を禁止した。そのため、これらの地域から食糧や原料を輸入して、工業製品を輸出するという貿易構造は中断され、貿易相手国は当分アメリカ一国に限定された。また軍事産業設備を賠償にあてるという名目で、多くの重工業設備が操業中止や撤去の指定を受け、平和産業の復興にも大きな制約が課せられた。たとえば造船業・航空機産業・ベアリング工業・アルミニウム工業などは操業中止の命令を受けたが、これらは日本工業の基盤をなしてきただけに、産業復興の大きな障害となった。

しかし、アメリカは日本から多額の金銭賠償をとって農業・工業を破滅させるという意図をもっていたわけではなく、むしろ農業・工業を平和目的に転換させて、国民生活の回復・向上をはかることを望んでいた。これを要約すれば、アメリカは日本経済を帝国主義的な「大日本主義」から、民需《みんじゅ》を経済活動の基本にすえる「小日本主義」へと転換させる政策をとったのである。同時にアメリカは、日本がアジアの産業・経済センターとして復活する道を、当分のあいだ凍結した。それは、占領軍が「無責任なる軍国主義」の世界よりの駆逐を実現するためには、避けることのできない措置であったというべきであろう。

憲法改正

ＧＨＱはついで、これらの改革をもとにした新憲法の制定を進めた。ポツダム宣言では、「平和的傾向を有し、かつ責任ある政府」が樹立されれば、「連合国の占領軍は直ちに撤収」することになろうと明記されていた。「責任ある政府」の指標が、アメリカでは新憲法の制定と、民主主義的な政治制度とくに議会の樹立におかれていたことは、アメリカがその植民地《しょくみんち》などを独立させた経験から明らかであるが、マッカーサーの場合は、フィリピンでの記憶▲が強く残っていたにちがいない。ただ、日本はアメリカの旧植民地と異なり、連合国軍に

▼フィリピンでの記憶　一九三五年、米議会がフィリピンを一〇年後「フィリピン連邦憲法」のもとでの独立を決定、同憲法第二条に「戦争放棄」を規定した。同年マッカーサーはフィリピン国民軍顧問、一九四一年極東方面軍司令官となり、白亜のマラカニアン宮殿最上階を執務室とした。それらをさす。

●――『あたらしい憲法のはなし』のさし絵　一九四八年に発行された、新制中学校社会科第一学年用教科書に掲載された、戦争放棄を説明する図版。

よって占領されていたので、アメリカはハーグ条約（陸戦法規）▲に従って占領地の法体系と統治機構を尊重するというタテマエをとらざるをえず、ＧＨＱが作成した新憲法を公然と日本政府に押しつけることはできなかった。

また、対日占領政策の最高決定機関として極東《きょくとう》委員会▲が設置され、一九四六（昭和二十一）年三月から審議を開始することが予定され、以後は新憲法の内容や制定手続きなどを決定する主導権が極東委員会に移ることも、避けられなくなっていた。

ＧＨＱはこうしたジレンマのなかで新憲法制定の主導権を確保するために、日本側が自主的に憲法改正を進めているという体裁をとり、それに「内面指導」を加えるという方式を案出した。またタイミングの点では、極東委員会の審議が開始される前に日本政府から憲法改正要綱を発表させ、改正のための努力がすでに軌道に乗っていることを連合国代表に印象づけるという方策をとった。

マッカーサーは、一九四五（昭和二十）年十月四日、近衛《このえ》文麿《ふみまろ》▲国務相に憲法改正試案を作成するよう示唆した。また十月五日に成立した幣原《しではら》喜重郎《きじゅうろう》▲内閣は、

▼ハーグ条約（陸戦法規）　一九〇七年第二回ハーグ万国平和会議で確認された「陸戦の法規慣例に関する規則」で、「絶対的の支障なき限り占領地の現行法律を尊重」すべしとされた。

▼極東委員会　連合国による日本占領管理政策の最高決定機関で、一九四六年三月から審議を開始。米・英・ソ・中・仏・蘭・加・豪・印・比・ニュージーランド一一カ国で構成され、一九四九年、ビルマ・パキスタンが加わる。

▼近衛文麿　一八九一～一九四五年。一九三七年六月近衛内閣を組織、七月盧溝橋《ろこうきょう》事件後中国侵攻を本格化、四〇年、三国《さんごく》同盟を結び、仏印《ふついん》進駐を行う。一九四五年十二月十六日、服毒死。

▼幣原喜重郎　一八七一～一九五一年。一九二四年以後外相、米英協調の「幣原外交」を進め三一年引退。一九四五年十月首相。

二十五日、閣内に憲法問題調査委員会（松本委員会）を設け、松本蒸治《まつもとじょうじ》▲国務相を委員長にすえた。近衛は京大教授で憲法学講座担当の佐々木惣一《そういち》▲に、松本は東大・東北大・九大の各憲法学教授らに協力を求めて改正案の作成にあたったが、どちらの作成した要綱も「大日本帝国憲法」の基本である天皇主権主義から抜けだすことができず、ポツダム宣言の求める「日本国国民の間における民主主義的傾向の復活強化」も、「民権自由に関する指令」や「五大改革指令」の諸原則も、組み入れた内容のものとはならなかった。

このなかで、日本民衆のあいだに「民間憲法草案」を起草する運動が起こりつつあり、GHQは、とくに鈴木安蔵《やすぞう》▲らの憲法研究会が、近代日本の歴史に則し、かつ民衆の世論を反映した草案を作成したことに注目した。鈴木は戦前から憲法史の研究を続け、なかでも自由民権運動の担い手たちによって数多く作成された「私擬《しぎ》憲法草案」▲を網羅的に収集・検討していたので、一八八〇年代の日本民衆が基本的人権をはじめ言論・結社・思想・信教の自由の確立を求めており、天皇制、議会・内閣・司法などについても民主主義的な構想を打ち出すほどの水準に達していたことを熟知していた。そのため、日本で「民主主義的傾向の

▼**松本蒸治**　一八七七～一九五四年。幣原内閣国務相として憲法改正案を起草、国民の反発とGHQの拒否にあった。

▼**佐々木惣一**　一八七八～一九六五年。京大教授。国家法人説に立ち立憲主義の論陣を張る。

▼**鈴木安蔵**　一九〇四～八三年。京大中退。治安維持法で入獄、出獄後憲法史研究に没頭、明治期の私擬憲法草案の収集・研究につとめた。

▼**私擬憲法草案**　帝国憲法発布以前の憲法私案。早くは西周《にしあまね》らが作成、自由民権期に国会期成同盟第二回大会で草案の持寄りを決議すると、改進党《かいしんとう》系も含め多くが作成された。天皇主権説・君民同治《くんみんどうち》説・共和制説など多様で、いずれも国会開設を主張した。人権規定の豊かな五日市《いつかいち》憲法草案、革命権を規定する植木枝盛《うえきえもり》案もあり、六八種類が知られている。

復活強化」を行うなら、なによりもまず、これら「私擬憲法草案」に結実された成果から出発すべきであると考えたのである。鈴木らは憲法研究会で練り上げた草案（以下、鈴木草案）を一九四五年十二月末にＧＨＱに提出した。

この草案はＧＨＱ当局者に、日本国民の伝統を踏まえた憲法を、早期に、かつ「帝国憲法」改正の形をとりながら起草することができるという確信をいだかせた。民政局長官ホイットニー▲らは、一九四六年一月下旬にはＧＨＱ内に憲法草案作成のための作業班を組織し、日本の実状を調査するなどの予備的研究を開始した。二月一日、松本委員会の試案が『毎日新聞』によってスクープされ、「帝国憲法」の天皇主権主義や神権主義的天皇観が温存されようとしていることに世論は激しく反発した。一月一日の天皇の「人間宣言▲」とあいまって、神権主義的天皇観は世論の支持を失い、松本試案は意義を失ったのである。

この状況を受けて、ＧＨＱは極秘裏に憲法草案の起草に着手した。一九四六年二月三日には「マッカーサー三原則」が提示され、天皇制を残すこと、戦争の非合法化を明記すること、および封建的身分を廃止することが指示された。ＧＨＱ民政局ではただちに憲法草案の起草を開始し、十三日、松本試案を拒否す

▼コートニー＝ホイットニー　一八九七〜一九六九年。アメリカの弁護士・ＧＨＱ民政局長官。法博。マッカーサーのフィリピン時代以来の懐刀で、ＧＨＱで極秘裏に憲法草案制定会議を主宰した。

▼人間宣言　一九四六年一月一日の昭和天皇の詔勅の通称。冒頭に五カ条の誓文《せいもん》が引かれ、天皇と国民との紐帯《ちゅうたい》は相互の敬愛と信頼によるもので、神話・伝説にはよらないとし、「日本＝神国」説を否定した。発表時は天皇の神格否定が印象づけられ、こう通称されたが、一九七七年、昭和天皇が「神格否定は二の問題」で、五カ条の誓文を復興の指針として強調したと語った。

ることを通告するとともに、GHQ草案を日本政府に手渡した。このような短期間に草案が作成されたのは、第一に、ポツダム宣言の規定とGHQの戦後改革指令がその前提として存在したためであるが、第二に、GHQ側が、日本国民のあいだで育ってきていた民主主義的傾向をどう条文化すべきかを、憲法研究会草案をとおして把握していたためである。さらに第三に、起草にあたったGHQの職員が理想主義的な憲法を作成しようという熱意をもっていたことがあげられる。すなわち憲法研究会草案を「たたき台」にし、これを改良したり理想的な諸条項を付け加えたりするという手順が踏まれたわけである。たとえば人権条項の多くは、「私擬憲法草案」の一つにある文言が鈴木草案を介してGHQ草案に盛り込まれ、現行憲法に定着した。また「戦争非合法化」条項の起草を担当したケーディス▲民政局次長は、一九二八年に締結されたパリ不戦条約▲を想起し、この条文をもとに起案したといわれている。ケーディスは、ケロッグ▲米国務長官のイニシアティヴのもとにパリ不戦条約を締結しようとする議論や交渉が行われていた当時、ハーバード大学法学部の学生で、世界から戦争を放棄するという理想に熱中していた。「マッカーサー三原則」の第二項目、「戦争を

▼チャールズ＝L・ケーディス　一九〇六〜九六年。GHQ民政局次長として日本国憲法草案作成に尽力、国民主権・戦争放棄などの明文化に尽力した。

▼パリ不戦条約　一九二八年八月、パリで調印の「戦争放棄に関する条約」。仏外相ブリアンと米国務長官ケロッグが主導、日本など一五カ国が調印、国家の政策としての戦争放棄を規定。約六〇カ国が加盟。

▼フランク＝B・ケロッグ　一八五六〜一九三七年。クーリッジ政権の国務長官でパリ不戦条約締結に主役を演じた。

▼ベアテ＝シロタ＝ゴードン　一九二三年〜。名ピアニストでユダヤ教徒レオ＝シロタの一人娘としてウィーンで生まれ、一九二九年九月、レオが東京音楽学校教授に招かれたのを機に家族で東京に移住、赤坂檜町《あかさかひのきちょう》に住みついた。ドイツ学校に通ったが迫害され、アメリカンスクールに転じ、一九三九年、アメリカのミルズ大学に留学、卒業後、『タイム』誌外信部日本課につとめたのち、政府の外国経済局につとめ、終戦後、GHQ民政局員として来日した。

▼吉田茂　一八七八〜一九六七年。東京都生まれ。東大卒。一九四五年六月、親英米派とみなされ憲兵隊に逮捕。戦後、東久邇内閣・幣原内閣外相。一九四六年五月、自由党総裁として第一次吉田内閣を組織、四八年十月から五四年十二月まで第二次〜第五次吉田内閣を率いた。警察予備隊《けいさつよびたい》の組織、サンフランシスコ講和条約・日米《にちべい》

非合法化せよ」の指示をみた彼はこれを思い起こし、ホイットニー局長とともに東大法学部を訪問して英文国際条約集を借りだし、パリ不戦条約の条文を参照しながら第九条を起草したという。パリ不戦条約は日本を含めた主要国が調印・批准しているのであるから、日本国憲法第九条はこの条約の国内法という性格をもつものであり、ケーディスはその仲介者の役割を果たしたわけである。男女同権や女性・児童の権利の保障を草案に書き込んだベアテ＝シロタ▲（のちにゴードン姓）は、その後しばしば来日し、各地で講演を行っている。

この草案を受け取った幣原内閣は、三月六日、「国民の総意」至高主義・象徴天皇制・戦争放棄を含む「憲法改正草案要綱」を発表した。以後、第一次吉田茂《しげる》▲内閣のもとで、「帝国憲法」の改正手続きに従い天皇の改正発議→枢密院《すうみついん》の諮詢《しじゅん》→衆議院・貴族院《きぞくいん》の審議→枢密院の承認をへて、十一月三日、天皇が裁可した旨の詔勅《しょうちょく》を付した憲法が発布された。注目すべきことは、第一に、形式的には日本政府が主導権をとって憲法の改正を進めたので、極東委員会は憲法改正問題に実質的に介入する余地を失ったことである。第二に、議会での審議のなかで「主権在民」主義が明確化されたこと、および吉田首相が「憲法第九条

は自衛権の発動としての戦争も交戦権も放棄した」と言明したことである。極東委員会構成国の注視するなかで明言されたこれらの諸点は、日本の国際的な公約となり、日本政府にこれを固く守る責任をおわせ、以後の日米関係をも規定した。

　こうして成立した日本国憲法が、米軍の沖縄占領と不可分の関係におかれていたことはいうまでもない。アメリカの観点からすれば、日本列島は在沖縄米軍の傘に守られており、もし外部からの武力攻撃があったとしても在沖縄米軍がこれに対処できるとされていた。したがって日本本土には、講和後に米軍基地を設置する計画はまだ立てられていなかった。日本を非武装化するというアイディアはこの時期に生まれたのであり、それにそって日本はパリ不戦条約で協約された戦争放棄に加え、軍備放棄を宣言する平和主義国家となったのである。マッカーサー父子が統治にかかわったフィリピンの一九三五年憲法でも、戦争放棄条項が明記されているが、これは、植民地から独立するための条件として独自の軍隊をもたず、軍事権を米軍に委ねるという性格の強いものであった。一方、軍事大国の伝統をもつ日本の場合は、自己抑制に基づいてあらたな

安保《あんぽ》条約の締結、保安隊《ほあんたい》の組織、ＭＳＡ協定の締結と自衛隊の創設を行った。「向米一辺倒」と評されたが、アメリカの要求する過大な防衛力増強には強く抵抗し、日本経済の復興にみあう程度に限定した。吉田の「単独講和」論を批判する南原繁《なんばらしげる》東大総長を一九五〇年五月、「曲学阿世《きょくがくあせい》の徒《と》」と非難した。

平和主義の道を追求しようとするものであり、戦争と侵略の歴史的経験をバネに、平和立国に徹することを明言したものである。これははからずも、あらたな国家類型をつくろうとする歴史的な試みとなった。

東京裁判

日本が終戦にあたって受諾したポツダム宣言には、第十項に「吾等の俘虜《ふりょ》を虐待《ぎゃくたい》せる者を含む一切の戦争犯罪人に対しては、厳重なる処罰を加えらるべし」とあり、ナチスを中心とする戦争犯罪者に対する法廷がドイツのニュルンベルクで開かれたのにならい、東京でも極東国際軍事法廷が開かれた。

枢軸国《すうじくこく》の戦争犯罪に対する処罰方針は、ポツダム宣言直後の一九四五年八月八日、米英仏ソの代表によって結ばれたロンドン協定▲で決められた。ここであらたに定められたのが「平和に対する罪」と「人道に対する罪」である。

「平和に対する罪」とは、侵略戦争の計画・準備・開始・遂行にあたり、またはそのための共同謀議に参加したことを罪とするものである。一九二八年の「パリ不戦条約」は戦争を国際的に違法とする合意を示すものであったが、これ

▼**ロンドン協定**　一九四五年八月八日、米・英・仏・ソ四カ国が締結した「欧州枢軸国の主要戦争犯罪人の訴追及び処罰に関する協定」の略称。ニュルンベルク裁判のための協定で、付属文書として国際軍事裁判所憲章がある。この協定では、右の四カ国が対等の立場で裁判の運営にあたることとされ、かつ憲章では「主要戦争犯罪人」(A級戦犯)を処罰する方針として「通例の戦争犯罪」に加えて「平和に対する罪」と「人道に対する罪」を訴追の要件とするとされた。

には刑事罰の規定がつけられていなかった。ロンドン協定は、この刑事責任を侵略戦争の遂行にあたった国の指導者個人におわせるというあらたな法理を導入し、これを国際法と認めたものである。

「人道に対する罪」とは、おもに人種的差別や不当な政治支配のために民衆を大量に虐殺したり、非人道的な処遇を行ったりした者に対し、その計画・実行およびそのための共同謀議に参加したことを罪としたものである。協定時におもに念頭におかれたのはユダヤ人に対する迫害である。この二つは、第二次世界大戦とそれにいたる過程であらたに出現した事態に対処し、その再発を防ぐために刑事罰を科すという面が強かった。また、すでに国際的協定などで禁じられていた捕虜《ほりょ》虐待、一般市民に対する虐殺・強制使役などを行ったことを罰する「通常の戦争犯罪」も処罰の対象としたことはいうまでもない。

一方、この犯罪の対象は枢軸国側のものに限られ、連合国側の問題、たとえばアメリカによる原爆投下などの責任は問わないこととされていた。

ＧＨＱは、機構がほぼ整備されてまもなくの一九四五年九月十一日、戦争犯罪容疑者の逮捕を開始し、十二月六日までのあいだに関係者がつぎつぎと逮捕され、その数は皇族もいれて一〇〇人以上にのぼり、巣鴨《すがも》拘置所（通称スガモ・プリズン）に収容された。東条英機《とうじょうひでき》元首相は、逮捕に来たMPを待たせて拳銃で腹を撃ち、自殺をはかったが未遂に終った。日中戦争にもっとも深くかかわった近衛文麿は、スガモ・プリズンに出頭する期日の十二月十六日の朝、服毒して果てた。出頭を拒んで自殺をとげた者には、さらに東条内閣の厚生大臣小泉親彦《こいずみちかひこ》▲と文部大臣橋田邦彦《はしだくにひこ》▲がいた。逮捕された者のなかには軍人や閣僚だけでなく、池田成彬《いけだしげあき》▲・鮎川義介《あいかわよしすけ》▲などの財閥首脳者や、大川周明《おおかわしゅうめい》▲・笹川良一《ささがわりょういち》など民間右翼、徳富蘇峰《とくとみそほう》・下村海南《しもむらかいなん》など言論人、正力松太郎《しょうりきまつたろう》（読売報知新聞社社長）なども含まれていた。

極東国際軍事裁判所憲章は、翌一九四六年一月十九日、マッカーサーによりGHQ一般命令第一号として公布された。これは連合国軍司令官の権限事項としてだされたものであるが、この憲章案を作成したのは、GHQのもとにおかれた国際検察局のアメリカ人法務官たちであり、彼らはジョセフ＝キーナン▲を代表とする三八人からなり、一九四五年十二月六日に来日した。マッカーサーはキーナンをこの国際検察局の局長に任命し、十二月八日に同局を発足させた。

▼**小泉親彦**　一八八四年生まれ。近衛内閣・東条内閣の厚生相。一九四五年戦犯逮捕前に割腹自殺。

▼**橋田邦彦**　一八八二年生まれ。近衛内閣・東条内閣の文相、一九四四年教学練成所長。一九四五年戦犯として逮捕前に服毒自殺。

▼**池田成彬**　一八六七〜一九五〇年。一九三二年三井合名《みついごうめい》会社総理事。日銀総裁、近衛内閣蔵相・商工相。戦犯で逮捕され一九四六年釈放。

▼**鮎川義介**　一八八〇〜一九六七年。日産自動車・日立製作所などを中心に日産コンツェルンを創始。一九四三年東条内閣顧問。戦犯容疑で二〇カ月拘置。

▼**大川周明**　一八八六〜一九五七年。右翼運動家。五・一五事件で禁固刑。戦犯とされたが、精神病で釈放。

▼ジョセフ＝B・キーナン　一八八八～一九五四年。連邦補佐官などをつとめ、東京裁判の首席検察官。

▼ウイリアム＝F・ウェッブ　一八八七～一九七二年。オーストラリア・クイーンズランド州最高裁判所長官在任中に東京裁判のオーストラリア選出判事となり、裁判長に任命され判決を言い渡した。

●――東京裁判（一九四六年五月三日）

憲章はおもにニュルンベルク裁判所憲章にならったものであった。ここで裁くべき犯罪とされたのは、憲章第五条a～c項目に規定され、そのa項が「平和に対する罪」で、さきに述べたロンドン協定にそったものであった。b項は「通常の戦争犯罪」で、俘虜の虐待や殺害をしてはならないとする戦時国際法に違反した罪をさし、c項は「人道に対する罪」をさし、これらの訴因による主要戦争犯罪人がA級戦犯《せんぱん》として、東京裁判で裁かれることになったのである。

この東京裁判ではマッカーサーに指揮権があたえられ、裁判所憲章も彼の名で公布されたし、検察局長となったキーナンが被告訴追権をもつ首席検察官に任命された。ニュルンベルク裁判の場合は米英仏ソの四カ国が首席検察官を派遣したが、東京裁判の場合は、他の連合国は補佐検察官を派遣する権限しかあたえられず、裁判の指揮権は、マッカーサーの意を受けてキーナンが行使した。

この裁判の判事は、裁判所憲章では対日降伏文書に署名した九カ国（米・英・ソ・中・加・豪・仏・蘭・ニュージーランド）からだすことになっており、各国から通告された人をマッカーサーが任命し、かつそのなかからオーストラリアのウェッブ▲を裁判長に任じた。その後極東委員会がフィリピンとインドから判事をだすことを決定したので、四月二十六日、憲章を改正してこの二カ国からの判事を追加した。これによりインドからパール判事が派遣された。

被告選定は、国際検察局の任務とされていたので、キーナン局長の指示によりメンバーをA～Hの八つの作業グループに分け、三月から容疑者に対する訊問と調査を進めた。このDは財閥、Gは官僚閥を対象としていた。これらの容疑者が逮捕されていたので、彼らに訊問が行われたのは当然であるが、結局、これらのグループからは被告がでなかった。それは、財閥に戦争責任がなかったことを意味するのではなく、訊問を担当した係官に、日本の戦争経済などの知識が不十分で、法廷を維持するにたる証拠を引きだせなかったためである。

また、マッカーサーの天皇制を維持しようとする政策を受けて、キーナンは天皇の戦争責任を問わず、容疑者として逮捕することも避けた。さらに東条らに戦争を主導したことを証言するよう言い含めるなどの工作も行った。「満《まん》州《しゅう》」で捕虜の生体実験を行った「七三一部隊▲」の石井四郎隊長などの関係者も、情報を極秘裏にアメリカに提供することを条件に、ひそかに免罪された。

被告は四月八日の国際検察局執行委員会で決定された。この執行委員会はイ

▼**七三一部隊**　関東軍防疫《かんとうぐんぼうえき》給水部の通称。日本陸軍創設の細菌戦の研究・実施のための特殊部隊。部隊長石井四郎。ペスト・赤痢菌などを使い中国戦線で細菌戦を行い、かつロシア人・中国人捕虜を使って生体実験を行った。ソ連軍進攻前に施設を破壊し、捕虜も虐殺した。

ギリスのコミンズ＝カー▲を議長とし、各国の参与検察官一人（英は法務官一人）で構成され、決定は原則として全員一致とされた。この日の委員会の冒頭でオーストラリアのマンスフィールド▲委員が天皇の訴追を正式に提案したが、キーナン局長の働きで容疑者から除外された天皇を被告にする件は、正式に否決された。この会で二六人の被告が決定された。さらに四月十三日にソ連検事団が遅れて到着し、五人を被告として追加するよう要求した。そこで参与検察官会議が再度開かれ、投票の結果二人が追加された。こうして被告を二八人とすることが決定された。なお、ソ連が提出した五人の被告名簿に天皇ははいっていなかった。

　起訴状と被告二八人の氏名は四月二十九日に公表され、裁判は五月三日に開始された。裁判所は、市ヶ谷《いちがや》の元陸軍士官学校大講堂をニュルンベルク裁判所ににせて改造した場所に設置された。なお、被告のうち松岡洋右《まつおかようすけ》▲と永野修身《ながのおさみ》▲は、判決までに病死した。また大川周明は被告とされたが、開廷の日に東条被告の頭を平手で打つなど不審な挙動がめだったため、精神「異常」と判定され、免訴された。

▼アーサー＝S・コミンズ＝カー　一八八二〜一九六五年。イギリスの弁護士。オックスフォード大卒。東京裁判のイギリス代表検察官で国際検察局執行委員会議長をつとめ、起訴状の大部分を作成した。

▼アラン＝J・マンスフィールド　オーストラリア選出の検察官で、天皇を訴追すべしと強調した。

▼松岡洋右　一八八〇〜一九四六年。米オレゴン大卒。一九三五年満鉄《まんてつ》総裁。近衛内閣の外相として日独伊三国同盟を締結、対ソ開戦を主張。東京裁判でA級戦犯となったが判決前に病死。

▼永野修身　一八八〇〜一九四七年。広田弘毅《こうき》内閣で海相、一九四一年四月、軍令部総長で対米開戦を主張し、太平洋戦争中の海軍作戦中の最高責任者。東京裁判の審理中に病死。

　起訴状にあげられた訴因は五五項目にのぼった。これらは三つに類別され、第一類「平和に対する罪」(訴因一〜三六)は、一九二八〜四五(昭和三〜二十)年のあいだの侵略戦争を遂行するための共同謀議に参加し、違法な戦争を準備・開始したことが訴追された。第二類「殺人」(訴因三七〜五二)は、不法な侵略戦争による殺戮《さつりく》と、そのための共同謀議をさすが、内容的にはハワイの真珠湾《しんじゅわん》攻撃▲など太平洋戦争の開始の際日本軍があたえた被害、および中国との戦争における一般人や俘虜の虐殺を意味した。第三類は「通例の戦争犯罪および人道に対する罪」で、国際条約などに違反して俘虜や一般人の虐待・虐殺を命令したり許可したりしたことや、そのための共同謀議に加わったことを意味した。またこのなかには、これらの違法行為を見聞きしながら防止行為をとらない「不作為」の責任を追及することも含まれた。

　起訴状の朗読をへて、被告の罪状認否が行われたが、その間、清瀬《きよせ》一郎▲弁護人がウェッブ裁判長の忌避動議や、この訴因のなかの「平和に対する罪」と「人道に対する罪」が「ポツダム宣言」以後につくられた法理、すなわち「事後法」のため不当であるとする動議を提出した。これらは討議をへて却下された。

▼**ハワイの真珠湾攻撃**　ハワイ時間一九四一年十二月七日、日曜日、日本軍連合艦隊の機動部隊が真珠湾の米国太平洋艦隊を壊滅させる目的で行った奇襲攻撃。日本が米国に宣戦布告文を手渡す予定が遅延し、宣戦布告なしの不意打ちとなった。当日の米国側死者は民間人六八人を含め二四〇三人。

▼**清瀬一郎**　一八八四〜一九六七年。一九二〇年から衆議院議員。満州事変後、国家主義に傾き、翼賛体制の構築につとめ、戦後、公職から追放。東京裁判で東条英機の主任弁護人となり、太平洋戦争は自衛戦と主張。一九六〇年、衆議院議長として日米安保条約批准案の採決を強行した。

▼**満州事変**　一九三一年九月十八日夜に開始された「満州」侵略戦争。関東軍が極秘裏に満鉄を爆破、中国軍の行為として攻撃を開始、中国東北三省の大部分を占領、一九三二年三月「満州国」を建てた。

●——極東国際軍事裁判　A級戦犯と判決。

絞首刑 7人	東条英機(陸軍大将·首相)·広田弘毅(首相)·松井石根(陸軍大将)・土肥原賢二《けんじ》(陸軍大将)・板垣征四郎(陸軍大将)・木村兵太郎(陸軍大将)・武藤章《あきら》(陸軍中将)
終身禁固 16人	木戸幸一(内大臣)・平沼騏一郎《きいちろう》(首相)・賀屋興宣《おきのり》(蔵相)・嶋田繁太郎《しげたろう》(海軍大将)・白鳥敏夫(駐伊大使)・大島浩(駐独大使)・星野直樹(満州国総務長官)・荒木貞夫(陸軍大将)・小磯国昭(陸軍大将・首相)・畑俊六(元帥)・梅津美次郎(参謀総長)・南次郎(陸軍大将)・鈴木貞一(企画院総裁)・佐藤賢了《けんりょう》(陸軍中将)・橋本欣五郎(陸軍大佐・桜会)・岡敬純《たかずみ》(海軍中将)
禁固20年	東郷茂徳《しげのり》(外相)
禁固7年	重光葵(外相)

六月四日、キーナンの冒頭陳述がなされた。主旨は、将来の戦争が科学の発達にともなって全世界とその文明を破滅させるような全面戦争になることが予想されるので、この裁判はこのような全面戦争の可能性を断ち切るため、今次の侵略戦争を起こして文明の危機を招いた指導者たちを処罰することがどうしても必要であるというものである。つまり第二次世界大戦を最後の世界戦争にし、以後の文明の破滅を防ぐには、連合国がここで提起された法理を確立し、断固として適用・処罰する決意を示さなければならないとしたのである。

六月十七日から日本の戦争準備を皮切りに、「満州事変▲」から個人責任まで全体を一〇段階に分けた検察側の立証が進められた。また、一九四七(昭和二十二)年九月十日から清瀬一郎を中心とする弁護団に主導された個人反証にはいり、それが四八(同二十三)年一月十二日まで続けられ、審理は四月十六日で結審し、いったん閉廷した。

この間、証人として出廷した者は四一九人、証拠として採用された書証は四三三六通にのぼった。証人のなかには教育学者の海後宗臣《かいごむねおみ》、経済学者の大内兵衛《おおうちひょうえ》、刑法学者で「滝川事件《たきがわ》」の滝川幸辰《ゆきとき》などがおり、「満州国皇帝」となった愛新覚羅溥儀《あいしんかくらふぎ》▲も証言台に立った。

また審理の内容は逐次新聞やラジオで報道され、南京《ナンキン》虐殺事件▲、「満州国」の内幕などについて報道がなされ、日中戦争・太平洋戦争などの計画・遂行・実態について日本国民に周知させる機会となった。

判決公判は一九四八年十一月四日に開かれ、判決文の朗読が一週間続き、刑の判決言渡しは十一月十二日になされた。判決文は検察側の主張を基本的に認めたもので、二五人全員が有罪とされた。その量刑は前ページの表に示すとおりである。

絞首刑の執行は十二月二十三日午前零時一分から三十三分にかけて行われた。スガモ・プリズンに設置されていた絞首台は四台であったので、処刑は最初に土肥原《どひはら》・松井・東条・武藤《むとう》の四人が、ついで板垣《いたがき》・広田《ひろた》・木村の三人が受けた。これに立ちあったのはアメリカ・中国・イギリス・ソ連の代表であった。

翌十二月二十四日、A級戦犯容疑者としてスガモ・プリズンに収容されていた岸信介《きしのぶすけ》▲・児玉誉士夫《こだまよしお》▲・笹川良一ら無罪とされた一七人が釈放された。

▼**愛新覚羅溥儀**　一九〇六～六七年。清朝最後の皇帝で、辛亥《しんがい》革命後の一九二四年北京《ペキン》から追放。「満州国」が樹立されると、一九三二年執政、三四年皇帝に就かされ、康徳帝《こうとくてい》と称した。

▼**南京虐殺事件**　一九三七年十二月一日、中支那《シナ》方面軍（司令官松井石根《まついいわね》）が南京を攻撃、激戦の末十三日に占領し、以後長期間占領を続けた。この間日本軍は包囲殲滅《せんめつ》戦を行い、敗残兵・投降兵などの大量虐殺、一般市民の集団殺戮、女性の強姦・強殺を行い、犠牲者は十数万人をくだらないとみられる。

▼**岸信介**　一八九六～一九八七年。山口県出身。東大卒。一九三六年満州で経済開発を推進、四一年東条内閣の商工相、四三年には戦時統制経済を進めた。戦犯容疑で逮捕・釈放、民主・自由民主両党の幹事長、一九五七年首相、安保条約改定を行った。

冷戦のなかでの「日本復興」

一九四七年三月十二日に発表された「トルーマン宣言《ドクトリン》」▲は、「冷戦《れいせん》の宣戦布告」と評されるように、アメリカがソ連や共産主義勢力との対決を公然と進めることを言明したものであった。この宣言により、ギリシア・トルコで進められていた革命運動に対し、アメリカはその鎮圧のための軍事援助を開始した。

冷戦開始後は、第二次世界大戦の戦災からいかに早く復興するかという問題も、資本主義体制と社会主義体制の優劣をあらわす試金石としてきわめて重視された。アメリカが、「トルーマン宣言」から三カ月後に「マーシャル援助計画」▲を発表し、イギリス・フランス・ドイツなどヨーロッパ諸国の復興に乗りだすのは、この表れである。アジアにおいても、これまで米ソが共同で進めていた戦後処理計画でも、決裂や対決がなされるようになった。朝鮮半島に統一的な独立民族国家を樹立するための準備にあたっていた米ソ共同委員会が、「トルーマン宣言」から二カ月後の五月に決裂したのは、これをよく示す事例である。朝鮮問題はその後アメリカによって国連総会に持ち込まれ、一九四八年八月に「大韓民国」政府の樹立が宣言され、これに対して九月、北緯三八度線以

▼**児玉誉士夫**　一九一一〜八四年。一九四一年、軍の委嘱で戦略物資買付けのため児玉機関を設置。戦後、戦犯容疑で逮捕・釈放。右翼の総帥かつ保守党の黒幕。ロッキード事件の被告。

▼**トルーマン宣言**　一九四七年三月十二日、トルーマン大統領が発表、ギリシア・トルコの共産主義運動の鎮圧のため軍事経済援助を実施するとした。冷戦の一環として全世界の共産主義革命を封じ込める最初の決意表明となった。

▼**マーシャル援助計画**　米国務長官マーシャルが一九四七年六月五日に発表し、四八年から実施されたヨーロッパ復興計画。全欧州が対象とされたが、ソ連・東欧諸国が反対、ヨーロッパの東西への分断と米ソの対決・復興競争の発端となる。総額一三〇億ドルを投入した。

北に「朝鮮民主主義人民共和国」政府の樹立が宣言され、以後、たがいに対決姿勢を強めた。

占領政策の転換

日本でも冷戦の開始を契機に占領政策が大きく転換された。

第一は、アメリカが戦後の「最重要基地地域」の一つと位置づけた沖縄について、その施政権を永続的に掌握する方策を検討し始めたことである。沖縄は北朝鮮・中国はもとよりソ連のウラジオストックまでをにらむ位置にあるので、アメリカが冷戦的なアジア戦略を展開するためのカナメ石になると判断されたのである。これとならんで住民生活を立てなおすための援助が急がれ、住民統治機構の再建も進められるようになった。軍事施設の拡張や補強も加速され、大きな台風にあっても機能を発揮できる恒久的なものにつくりかえられた。

第二は、本土の占領政策を、これまでの「改革」を主眼とするものから、「復興」を主眼とするものに転換したことである。この転換のイニシアティヴをとったのは、一九四七年七月に発足した米国防省の初代長官フォレスタル▲である。

▼ジェームス＝V・フォレスタル　一八九二〜一九四九年。投資銀行ディロン・リード社にはいり、一九三七年社長。一九四四年海軍長官となり、米海軍改革を推進。一九四七年国防省の新設で初代長官となり、活躍したが自殺。

彼はアメリカ側がソ連陣営の威信を凌駕《りょうが》するためには、より早くより魅力的な戦後復興の実績を示すべきだと痛感していた。彼は戦後復興の具体例を日本でつくろうとし、それに旧友のウイリアム＝ドレーパー▲陸軍次官を起用した。

ドレーパーは翌一九四八(昭和二十三)年三月、国務省顧問ジョージ＝ケナン▲や賠償問題担当のパーシー＝ジョンストンらをともなって来日、マッカーサーなどと会見し、GHQに占領政策の転換を迫った。

ここで取り決められたのは、第一に、対日講和を早急には行わず、その間にアメリカが満足できるようになるまで日本の改造を続けるという点である。当初の占領目的である日本の「非軍事化」と「民主化」が終了しても、経済的「復興」が終るまで、占領管理を続けるというわけである。

第二は、対日賠償を大幅に緩和するという点である。一九四八年五月に提出されたジョンストン報告書は、四六(昭和二十一)年四月提出のポーレー報告書の賠償額二四億四〇〇〇万円(一九三九年現在の円相場による)を六億六〇〇〇万円(同)へと約四分の一に引き下げ、その八五%を軍事工業施設により充当するよう勧告した。これは、すでに撤去・搬送済みの軍事工業施設以外は、ほとん

▼**ウイリアム＝H・ドレーパー** 一八九四〜一九七四年。ディロン・リード社に入社、一九三七年副社長。フォレスタルの盟友。戦後、占領地の経済復興を推進。一九四八年来日、占領政策を経済復興に転換させた。

▼**ジョージ＝F・ケナン** 一九〇四〜二〇〇五年。ソ連通として知られ、一九四七年米国務省政策企画部長となり、対ソ封じ込め政策の立案にあたる。のち冷戦政策の批判者となり、ベトナム戦争にも反対した。

どの工業施設を賠償・撤去の対象からはずすという勧告である。

第三は、「経済の民主化」の名で進められていた企業分割をみなおし、日本企業の生産能率の向上をはかるという点である。企業分割というのは、GHQ反トラスト・カルテル課長ウェルシュにより推進されていた政策で、多角経営を行っていた大企業を一業種ごとに分割し、旧財閥系大企業▲の独占的地位を弱めて企業間の自由競争をうながすというものであった。たとえば大紡績企業の紡績・織布・加工の各部門や、それらが兼営していた羊毛・化繊・絹紡などを分割し、おのおの独立した企業として再発足させようとしたのである。そのため一九四八年二月八日には二五七社（二十二日、六八社追加）が分割を指示されていたのであるが、ドレーパーらはこれらの多くを中止させ、結局、四九（昭和二十四）年三月末までに分割の対象は一八社にまで減らされた。

このような政策は、結局、「日本を強力な工業国家にする」（ストライク使節団報告書）ことをめざすものであり、日本を、アメリカ陣営の戦後復興能力を示すモデルとして育成しようとするものであった。これは日本の復興が、アメリカの冷戦戦略のなかに明確に位置づけられたことを意味している。

▼**旧財閥系大企業**　戦前における大企業の多くは、三井・三菱・住友・安田など一族が株式の大部分を所有し、閉鎖性が強かった。また各財閥が三井物産などの総合商社や三菱銀行などの基幹銀行を中心に多様な事業を支配し、本社を持株会社とするコンツェルンとなった。その結果、自由競争が封じられ、技術や経営の停滞を招いた。また政府と癒着、軍事企業や植民地支配のための企業が有力化した。各企業も、繊維産業を例にとれば紡績、織布、染色・加工までの工程を傘下の企業で一貫して支配し、新規企業の自由競争を封じ、そのため労働市場も狭く、労働条件も劣悪となった。

賠償の緩和策では、工作機械生産・ベアリング生産・鉄鋼生産・造船の各部門が賠償の対象から除外または軽減された。ここには日本の工業生産能力の回復を急がせようという配慮がみてとれる。またドレーパーらは、この時期の輸出産業の中心であった紡績業の企業分割を緩和しただけでなく、原料となる綿《めん》花《か》の輸入をも促進した。ドレーパーらの工作により同年五月、アメリカの対日綿花民間借款団《しゃっかんだん》による六〇〇〇万ドルの融資が決定されたが、この借款団に加わったのは、ナショナル＝シティー銀行・アメリカ銀行・チェーズナショナル銀行などアメリカの世界戦略をバックアップする実績をもつ金融機関であった。これを皮切りに、アメリカのエロア資金▲の提供や日本の復興金融金庫などからの融資をえて、綿花の輸入と工場設備の復興・整備が急速に進められたのである。こうして戦後日本の工業は輸出力も含めた復興のチャンスをえたのであるが、同時に、原料も資金もアメリカに依存するという特質を刻印された。

ドレーパー使節団は、いま一つ、日本の財政改革を実施するという課題をあたえられていた。それは、日本で進んでいた悪性インフレ▲を短期間に克服するというたいへんむずかしい問題であった。悪性インフレは、投機をはびこらせ、

▼エロア資金　アメリカの占領地経済復興援助資金の略。ガリオア資金が救済的性格をもつのに対し、エロア資金は経済復興、自立を主目的とする。日本は一九四八年からこの援助を受け、綿花・羊毛など原料の購入にあてた。一九五二年、講和発効で打ち切られ、のちアメリカがガリオア資金とともにエロア資金の返済をも要求したので、六二年、返済協定が結ばれた。

▼悪性インフレ　生産財・消費財ともに生産が途絶または低下しているなかで、復興援助資金や戦時中の政府買上げ契約に対して大量の紙幣が支払われ、過剰な紙幣が流通するために引き起こされた急激なインフレーション。この状態では資金をもつ者は生産的投資をせず、原料をもつ者は隠匿して値上がりを待つなど、生産活動はますます減退した。

生産活動拡大への意欲を殺《そ》いで、経済の復興を妨げたからである。ドレーパーは、この問題の担当官として当時デトロイト銀行の頭取をしていたジョセフ＝ドッジ▲を推薦し、自分と同道するよう依頼したが、ドッジは多忙のためそれを断わり、一年後に訪日して任務にあたると約束した。「ドッジ・ライン」として知られる財政改革は一九四九年三月に始まるが、これはドレーパーらの活動と一対《いっつい》なのである。

　ドレーパーは同年五月に提出した報告書で「今や占領目的の重点は、日本産業の復興に置かれるべきである」とし、日本の貿易立国への転換をアメリカが支援すべきこと、賠償の軽減、船舶能力の充実などをはかるべきであると勧告したが、同時に均衡予算の実現(インフレの収束)、国家公務員の削減、産業への補助金の打切り、公共料金の引上げ、増税の実施を行うよう提言した。これは冷戦の観点からの財政改革で、「民主改革」で日本国民が身につけた自治能力と戦闘性に対し、強力な巻返し策をとる必要があるとしたものである。

　ドッジは一九四九年二月に来日したが、この数カ月のうちに、冷戦戦略に占める日本の役割がいちだんと高まっていた。前年の一九四八年八月、アメリカ

▼**ジョセフ＝M・ドッジ**　一八九〇～一九六四年。戦後、デトロイト銀行頭取をしながらドイツなどの財政改革に取り組み、一九四九年二月来日。ドッジ・ラインと呼ばれる超緊縮財政を強硬に実施し、悪性インフレを克服した。

●**ドッジの来日**(一九四九年二月)　右からドッジ、池田勇人《はやと》蔵相、増田甲子七《かねしち》官房長官。

●——職業安定所に集まった失業者（一九四九年六月、東京）　ドッジ不況で企業の倒産があいつぎ、大量の失業者を生み出した。

は中国内戦への軍事干渉を諦《あきら》めたので、中国共産党軍が中国本土で政権を握るのは時間の問題となっていた。トルーマン大統領は訪日を前にしたドッジと会見し、アメリカは共産主義化した中国と組むことができなくなり、以後アジア戦略の拠点は日本におかれる、その日本の経済復興を成功させることはアメリカの威信にかかわると説いた。ドッジはこの期待を一身に背負って来日したのである。

ドッジは、ＧＨＱの威信と軍事力を背景に、日本政府に一九四九年度のうちに従来の赤字予算を整理して均衡予算とすること、予算規模の増加の厳禁、補助金とくに復興金融金庫の融資すべての打切り、国民の税負担の軽減禁止などを命令し、実行させた。この結果、一般会計で三〇％、特別会計で二〇％が削減され、そのなかで公務員四二万人が「行政整理」の対象とされ、職を失った。

政府需要に依存していた民間企業（電機・鉄道など）では、予算の削減のため「企業整備」を余儀なくされ、一九四九年六月末までに約五九万人が整理された。

この結果、日本の悪性インフレはわずか半年で終息をみた。同時にそれは、「民主改革」に対する巻返し策、すなわち「逆コース」の起点でもあった。

まずGHQは、労組の指導部から共産主義者を排除する方策をとり、一九四九年五月に「行政機関定員法」が制定されて行政整理が開始されると、それを機に「共産党員およびその同調者」に対する「レッド・パージ」を進め、労組から五一（昭和二十六）年までに推定二万七三〇〇人を職場から追放した。「レッド・パージ」はさらに大学・旧制高等学校教員、マスコミ、映画人にまでおよび、五《ご》所《しょ》平《へい》之助《のすけ》・今井《いまい》正《ただし》らの映画監督、宇野《うの》重吉《じゅうきち》・滝沢《たきざわ》修《おさむ》・山田五十鈴《いすず》などの映画俳優までもが指名追放処分の対象として馘首された。

一九四九年八月には、突発した「松川《まつかわ》事件▲」を理由に、当時もっとも戦闘性を発揮していた国鉄労組松川支部と東芝労組松川分会の幹部二〇人が逮捕された。これを契機に労組の共産党系指導者を優先的に「整理」する風潮が生まれ、「労働組合法」で禁止された「不当労働行為」が公然と行われるようになった。

GHQ労働課は、共産主義の影響を受けている労組員を最大の労働組合連合組織である全日本産業別労働組合会議（産別）から劇的に減らす計画を立て、「産別民主化同盟」（通称民同《みんどう》）の組織化に乗りだし、日本労働組合総評議会（総《そう》評《ひょう》）を結成させる工作を進めた。これは翌一九五〇（昭和二十五）年七月、加盟者

▼松川事件　一九四九年八月十七日未明、東北本線松川駅近くで上り列車が転覆し、機関士ら三人が死亡した事件。捜査当局は国鉄労組福島支部委員と東芝松川労組幹部各一〇人を逮捕し、共同謀議による事件として起訴した。一審・二審ともに自白を根拠に死刑を含む有罪判決をくだした。上告審で被告のアリバイを証明する新物証が提出され、最高裁は審理の差戻しを命じた。一九六一年八月、仙台高裁が被告の無罪を判決、六三年九月、最高裁が検察当局の上告を棄却し、無罪が確定。

約三九八万人で成立する。戦闘的な労組指導者の指名解雇の実例をみせられた経営者も勢いを盛り返し、「資本の攻勢」を積極化した。日本経営者団体連盟▲が一九四九年七月に発行したパンフレット『当面の労働情勢に対応して経営者の取るべき態度』では、共産党員の排除や第二組合の支援を提唱し、「経営者よ、団結せよ」と結んだ。

ドッジ予算では、進駐軍の施設の工事費などにあてる「終戦処理費」は減額されず、国家予算の一八％を占め続けた。さらに一九四九年五月、これまで「公共法人」とされていた特別調達庁▲を、「特別調達庁設置法」により政府機関に昇格させ、行政整理の最中に一万一六〇〇人もの公務員を擁する特権的な役所とし、占領軍の需要に敏速に応じる体制をつくった。この特別調達庁は、ドレーパーとドッジの施策によって増加した工業製品を受け入れる市場となり、翌一九五〇年に朝鮮戦争が開始されると、まるでこれを予期していたかのように、一挙に大規模化した米軍特需《とくじゅ》に応じる窓口として活躍するようになった。

▼日本経営者団体連盟　略称、日経連。一九四八年、経営者の全国的単一組織として結成され、労働運動・争議への対処、経営権の確立などを目的とした。現在は経団連と合同して、日本経済団体連合会となっている。

▼特別調達庁　戦後、占領軍が進駐するにともない、多様な物資や役務が必要となったが、当初は地方ごとに各軍政部が調達していた。混乱が激しかったため、GHQは日本政府にこの一元化を求める指令をだした。これにより一九四七年五月、政府は「特別調達庁法」を公布したが、当初は政府機関とする位置付けが弱く、行政法人的なものとされていた。GHQの再度の指令により同年十二月五日の閣議決定で「政府の一部局」であることを明確化した。

②―朝鮮戦争と日本の「基地国家」化

朝鮮戦争の開始

一九五〇(昭和二十五)年六月二十五日、朝鮮戦争が開始された。朝鮮民主主義人民共和国(以下、北朝鮮と略称)の指導者金日成《キムイルソン》▲が、韓国を武力で占領して社会主義体制をしき、朝鮮半島を統一しようと企てた戦争であった。これは、中国で終ったばかりの国共《こっきょう》内戦▲の朝鮮版ともいうべきものであり、金日成は電撃戦で短期間に韓国を制圧する計画をもって臨んだ。朝鮮人民軍《じんみんぐん》(北朝鮮軍)にはソ連から提供されたM34型戦車による戦車隊二個旅団《りょだん》が配備され、また中国人民軍として実戦経験をもつ朝鮮族の兵士が少なからず編入されるなど、軍事力バランスでは北朝鮮が圧倒的な優位にあった。また金日成らは、北朝鮮が行動を起こせばこれに呼応して韓国民衆が蜂起するとも信じていた。さらに彼らは、中国革命▲と同様、米軍はこれに介入できず、戦争には簡単に勝てると予想していた。

しかし、開戦と同時にアメリカ政府は介入を決意した。トルーマン大統領は、

▼**金日成**　一九一二〜九四年。戦前、抗日武装闘争を指導し、戦後、朝鮮民主主義人民共和国(北朝鮮)の指導者となり、一九五〇年六月、朝鮮人民軍司令官として朝鮮戦争を発動したが、領土統一には失敗した。一九七一年より終生共和国首席となる。

▼**国共内戦**　戦前、中国国民党と共産党は協力していたが、一九四六年、蒋介石《しょうかいせき》軍が毛沢東《もうたくとう》軍を攻撃したのを契機に、広大な地域で両軍が内戦に突入した。蒋介石が台湾に逃れ、一九四九年十月、中華人民共和国が宣言され、内戦は終った。

▼**中国革命**　ここでは一九四九年十月一日に中華人民共和国を成立させた革命をさす。地主・資本家の支配が打倒され、政権が労働者・農民に移った革命とされる。

いち早く北朝鮮軍の行動を「ギリシアの極東版《きょくとうばん》」であるとし、武力介入をためらうべきではないと断じた。冷戦《れいせん》の論理に従い、北朝鮮の共産主義者にも一切の領土拡張を許さないとしたのである。アメリカ政府は、二十五日夜、国連安全保障理事会に北朝鮮軍の三八度線以北への撤退と北朝鮮・韓国両軍の停戦を求める決議を上程し、通過させた。トルーマンは二十六日夜、マッカーサーに米海・空軍の韓国出動を命令し、二十七日にはこの地域における作戦行動の全権をあたえた。国連安全保障理事会は、同日午後、北朝鮮軍を非難し、その武力攻撃を撃退する決議を採択した。国連の警察行動として武力制裁を加えることを決定したのである。この間にも北朝鮮軍は韓国軍を撃破して進撃を続け、二十八日にはソウルを占領し入城した。これに対抗するためトルーマンは米地上軍の大規模な派遣を決意し、三十日、マッカーサーに在日米軍の出動を命令した。北朝鮮軍の勢いは強く、マッカーサーはこれを阻止するために、占領軍として日本に駐留していた地上軍四個師団《しだん》のすべてを出動させる必要があると判断し、ただちにこれを発令した。この時点で日本は米軍出撃のための最大拠点となり、出撃・補給・慰安などの基地として、米軍を全面的に支援する国に変えられた。

●―警察予備隊の新入隊員一七四〇人の初朝礼（一九五〇年八月二十五日）

朝鮮戦争のなかの日本

日本政府は、一九五〇（昭和二十五）年七月四日、朝鮮戦争で米軍に協力する方針を閣議で了承した。七月十四日、吉田首相は施政方針演説で、朝鮮戦争は「共産勢力の脅威がいかにわが国周辺に迫っておるかを実証するもの」とし、国連軍に協力する立場を表明した。吉田は、朝鮮戦争を、朝鮮における内戦または局地戦争とは考えず、日本にまで侵攻する可能性をもった共産軍の征服戦争であるという判断を示し、これを国民に強く印象づけたのである。

吉田首相の態度をみたマッカーサーは七月八日、日本政府に七万五〇〇〇人の警察予備隊《けいさつよびたい》▲を創設し、かつ海上保安庁職員八〇〇〇人を増員するよう指令した。警察予備隊（以下、予備隊と略称）は、朝鮮に派遣される占領軍にかわって日本国内の治安維持にあたるもので、定員の七万五〇〇〇人は、派遣された米軍四個師団とほぼ同数であった。

ＧＨＱは日本政府に予備隊の発足を急ぐよう催促したが、日本政府は「再軍《さいぐん》備《び》」の序幕として国民世論の反発を招くことが必至なこの問題には、周到な準備が欠かせないという立場をとり、吉田首相がみずから指名して、官選最後の香川県知事の増原恵吉《ますはらけいきち》▲らをその準備にあたらせた。また、予備隊を法律によって設置することは吉田の持論とも矛盾し、国会での承認がえられる見通しが立たなかったため、ポツダム政令で設置することにした。政府は国会が休会にはいる八月三日を待ち、八月十日に警察予備隊令を「昭和二五年政令第二五〇号」として公布した。政令では、「わが国の平和と秩序を維持し、公共の福祉を保障するのに必要な限度内で」、国家地方警察および自治警察を補うことを目的として組織し、治安維持に必要な場合に総理大臣の命令を受けて行動するとされた。予備隊は、八月十四日、総理府の機関として発足し、本部長官には増原恵吉が就任した。予備隊本部は長官以下一〇〇人からなり、東京深川越中島《ふかがわえっちゅうじま》の旧高等商船学校跡地に設けられた。また警察監（制服部隊の長）として、宮内次官の林敬三《けいぞう》▲が任命された。予備隊は旧軍の階級制を警察らしく変更して踏襲し、将官《しょうかん》相当官として警察監・警察監補をおき、佐官《さかん》相当官として一等警察正・二等警察正・三等警察正、尉官《いかん》相当官として一等警察士・二等警察士、下《か》

▼**警察予備隊**　GHQはこれをReserved Police とした。これはフィリピンでアメリカが組織したConstabulary（武装警察隊）にあたるものと思われる。

▼**増原恵吉**　一九〇三～八五年。官僚・政治家。参議院議員・警察予備隊本部長官・防衛庁長官・香川県知事などを歴任した。

▼**林敬三**　一九〇七～九一年。戦後最後の内務省地方局長。一九五〇年警察予備隊中央本部長。一九五二年保安庁第一幕僚長、五四年自衛隊統合幕僚長会議初代議長などを歴任し、六四年退官した。

士官《しかん》相当官として一等警察士補・二等警察士補・三等警察士補、兵卒《へいそつ》相当官として警査長・一等警査・二等警査という階級が設けられた。

七万五〇〇〇人の隊員を短期間に募集・確保するため、予備隊本部は好条件▲を示し、全国の警察署で広報・宣伝した。募集は八月十三日から全国の警察署で行われ、十月十二日までに三八万余人と、定員の約五倍の人びとが応募した。

選考は国家地方警察の六管区(札幌・仙台・東京・大阪・広島・福岡)で行われ、合格者は管区の警察学校で点検・調査を受けたあと、旅費と被服を支給され、米軍が指定するキャンプ(基地)に送られて、そこで訓練を受けた。

十二月九日、部隊長ら制服組の幹部が任命され、いっせいに各営舎に赴任して、それまで応急的に任命されていた代理指揮官から指揮権を引き継いだ。十二月二十九日、「警察予備隊の部隊の編成および組織に関する規定」が公布されて、総隊総監・管区総監などの首脳が正式に任命され、林敬三ら七人が就任したが、これらの首脳からは旧軍関係者が意図的に除かれた。これは、米軍の指導のもとに「シビリアン・コントロール▲」の原則の実例として実施されたものである。

▼好条件　警察予備隊の募集に対して示された条件は、⑴隊員は特別職公務員とする、⑵隊員は無料の宿舎にはいり、訓練を受け、勤務に服する、⑶初任手当を月五〇〇〇円程度とし、逐次昇給する、⑷勤務年限は二年で、退職手当は六万円程度とする、⑸被服・食事はすべて支給する、⑹応募年齢は満二〇歳から三五歳までとする、というもので、失業者の多かった当時としては、好条件であった。

▼シビリアン・コントロール　文民《ぶんみん》統制ともいう。軍隊の指揮権が文民(政治)によって統制される制度。軍部が政治に介入したり、独走したりすることを抑止するために案出されたもの。

しかし幹部（旧尉官・佐官相当官）が充足できず、そのため十一月十日、旧軍人三二五〇人の追放が解除されると、それまでひかえられていた旧陸軍士官学校《しかんがっこう》や海軍兵学校《へいがっこう》卒業生の募集が始められ、まず旧尉官二四五人が幹部候補生として採用された。彼らは久里浜《くりはま》総隊学校に入校し、そこで米人教官から幹部教育を受けた。さらに追放解除が進むにつれて、翌一九五一（昭和二十六）年八月には旧陸海軍佐官約四〇〇人が、同年九月には旧尉官約四〇〇人が追加採用された。これらは「逆コース」の一環として、旧軍人が復権されたという印象を人びとにあたえた。

隊員に対する訓練関係の指令はＧＨＱ民事局（Ｇ—３）が発し、米軍事援助顧問団がその指導にあたった。軍事援助顧問団は訓練計画の立案、教範および訓練教材の作成、武器の調達、配分などを行ったが、米軍からの貸与品目を除き、費用は日本の国家予算から支出された。ちなみに一九五一年度には防衛費の歳出は九三九・五億円にのぼったが、これは一般会計の一二・五％であった。

隊員の訓練が軌道に乗ったのは、一九五一年六月ごろからであり、普通科大隊までの教範「大隊作戦」や「中隊作戦」が米軍の教範をもとに作成され、米軍規格の兵器が調達されたこととあいまって、隊員は大隊単位の戦闘行動を行うことができるまでの技量を習得するにいたった。米軍事援助顧問団幕僚長のコワルスキー▲は、回想録『日本再軍備』のなかで、一年後にはこれが事実上の軍隊（地上軍）となったと証言し、さらに、これまで労働運動や社会運動に怯《おび》えていた日本政府と官僚が、みるみる自信を取り戻したとも述べている。

なお林総監は訓話のなかで、警察予備隊の理念を「愛国心・愛民族心」におき、その根源を天皇への崇敬に求めた。旧軍の伝統が引き継がれたのである。

海上保安庁職員は、朝鮮戦争勃発から四カ月後の一九五〇年十月十二日から二カ月間、米軍の上陸作戦を助けるための掃海を命じられ、これに従事した。十月四日、米極東海軍ドイル司令官から山崎猛《たけし》運輸大臣にあてた指令で実施されたもので、直接の目的は、北朝鮮の元山《ウォンサン》沖に敷設された機雷を取り除き、米軍の上陸作戦を助けるというものであった。米軍は、米掃海隊が弱体であった朝鮮戦争直後の時期に、日本の高い掃海能力を利用したのである。以後、元山を皮切りに、鎮南浦《チンナムポ》（現、南浦《ナムポ》）、仁川《インチョン》、群山《クンサン》と計七次にわたる掃海活動が行われた。これには延べ四六隻の掃海艇と一二〇〇人の海上保安庁職員が動員さ

▼**フランク＝コワルスキー**　一九〇三～七五年。在日軍事援助顧問団幕僚長。警察予備隊の組織・装備・訓練の方針決定と指揮にあたった。

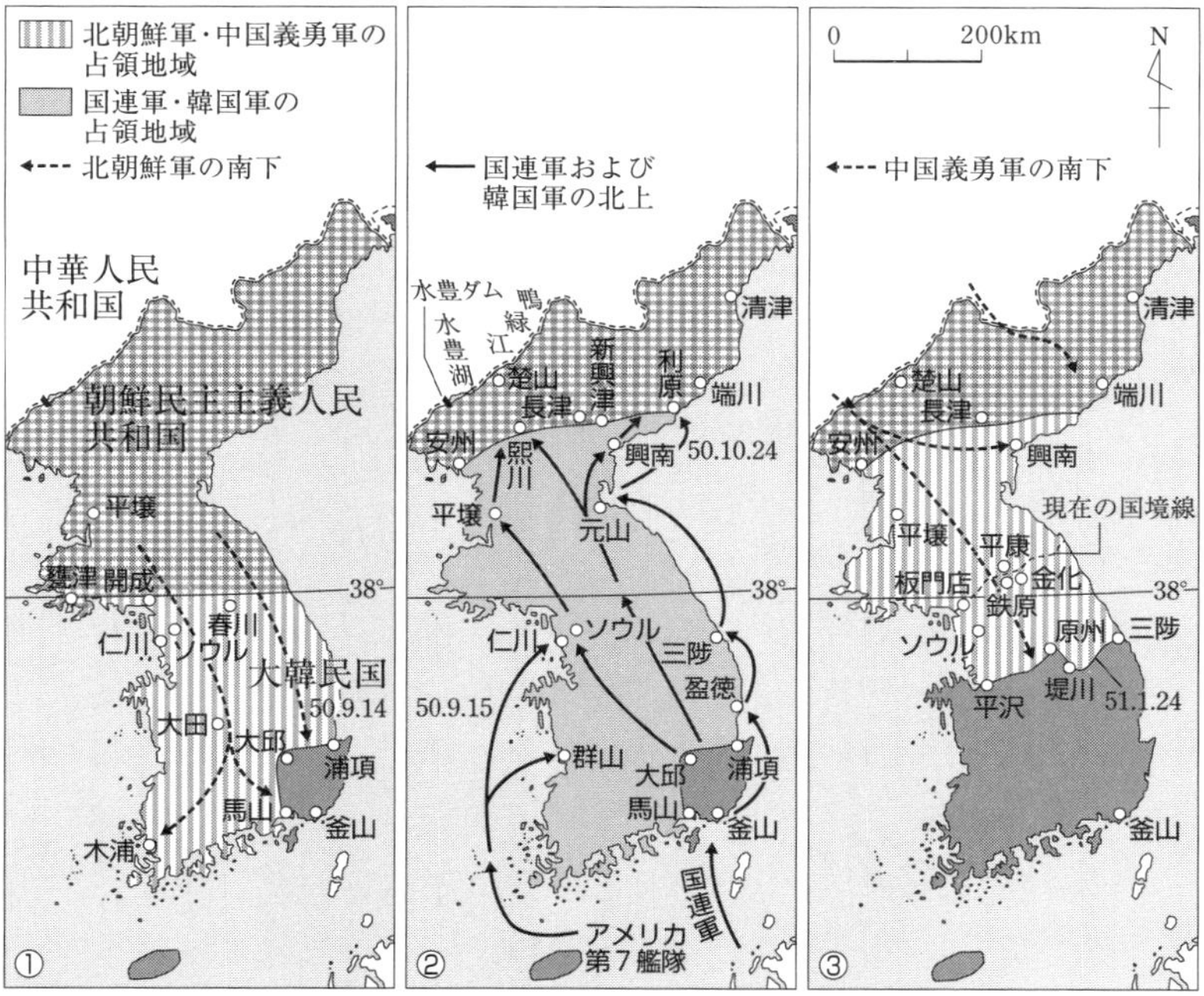

●──朝鮮戦争経過図（神田文人『昭和の歴史８　占領と民主主義』より）

れ、機雷二七個を処分した。この間に日本の掃海艇一隻が触雷して爆発・沈没し、一人が死亡、一八人が重軽傷をおった。戦後日本の掃海事業は、第二次世界大戦中に米軍が投下した機雷を取り除き、商船や漁船の安全をはかったものであるが、その能力が米軍に利用され、朝鮮での作戦に参加させられたのである。

また日本全土が出撃基地として利用された。とくに米空軍は、南は沖縄の嘉《か》手納《でな》基地から北は北海道の千歳《ちとせ》基地までを爆撃機・偵察機・輸送機などの出撃拠点として利用した。朝鮮戦争の勃発当初、アメリカ首脳たちの交わした討議の記録には、国防長官の発言として、ソ連が参戦するならば、原爆を配置しているウラジオストックを、嘉手納から発進させたＢ29の先制核攻撃によって破壊すべきだと述べたとされている。これはアメリカ政府首脳が、占領地日本を利用するにあたり、日本国民の意向や世論を問題にせず、作戦のためには核攻撃基地として使用することも辞さないと考えていたことを示している。

日本本土の発進基地の中心が、東京および首都圏におかれていたことも注目すべきである。立川《たちかわ》基地はＢ29を発着させる滑走路を備えた本土最大の施設で

●朝鮮特需（一九五〇年）　兵器生産にはげむ女子工員。

あり、ここから毎日のように爆弾・ナパーム弾を満載した爆撃機が飛び立った。爆撃機が離陸に失敗して住宅地に墜落し、爆発・炎上して民家を焼く惨事を引き起こすことも少なからず起こった。

米軍および国連軍参加の軍隊が東富士《ひがしふじ》演習場・北富士《きたふじ》演習場をはじめ各地で軍事演習を行い、第二次世界大戦後には土地が返還されると期待した土地所有住民の期待を裏切った。また、基地・演習場のまわりに「慰安婦」「洋娼」などと呼ばれる女性が数多く集まり、付近の民家に間借りして風紀を乱すなど、社会的な問題も数多く起こさせた。地上軍の輸送拠点とされた港湾都市、たとえば福岡県芦屋《あしや》町は米兵・日本人労務者などを相手とする一大歓楽地と化したし、小倉《こくら》市では一九五〇年七月十一日、出撃直前の米兵約一六〇人が脱走し、酒屋・民家を襲撃して略奪・婦女暴行をほしいままにするという事件が発生した。この事件は正式の捜査もされず、住民は泣き寝入りを強いられた。

朝鮮戦争の勃発とともに、米軍は大量の物資を入手する必要に直面した。それは米軍自身が最高度の消費集団であったことにもよるが、国連軍に参加した発展途上国の軍隊たとえばフィリピン軍やタイ軍などの補給も米軍が引き受けていたためでもある。ドッジ・ラインのなかで整備された特別調達庁はこの恰好の受け皿となり、米軍の発注（「特需《とくじゅ》」）を効率よく企業に取り次ぐ窓口となった。ドレーパーらの賠償緩和策によって日本の工業能力が維持され、軍事関連の工業設備も温存されたことが、特需に応ずる能力を残したのである。

開戦から一年目（一九五〇年七月〜五一年六月）には、おもに土嚢《どのう》用麻袋、毛布・衣類など繊維製品、トラック、ジープ、ジープ用帆布、ナパーム弾用タンク、航空機用タンク、有刺鉄線などが調達された。このなかで繊維産業を中心に「ガチャマン景気」▲が生まれた。二年目（一九五一年七月〜五二年六月）には、石炭・木材・セメント・組立て家屋・ドラム缶などが付け加わり、さらに一九五二（昭和二十七）年四月に対日平和条約と日米安保《にちべいあんぽ》条約が発効すると、完成兵器が調達されるようになり、四・二吋《インチ》迫撃砲《はくげきほう》五二八門、同砲弾三六万発、八一ミリ迫撃砲弾六二万発などが納入された。三年目（一九五二年七月〜五三年七月）には三・六吋ロケット弾、バズーカ砲、銃剣、対戦車地雷、五七ミリ無反動砲などが納入された。

特需によって兵器工業が復活し、一九五五（昭和三十）年十一月には小松《こまつ》製作

▼ガチャマン景気　朝鮮戦争の開始とともに米軍から日本側に大量の軍事物資が発注され、とくに開戦当初は土嚢用麻袋や毛布・衣類など繊維製品の需要が多く、そのため日本の繊維業界は好況にわいた。これをガチャマン景気と呼ぶ。「ガチャマン」とは、織機が一度ガチャンと動くたびに一万円もうかるという意味といわれ、転じて、この時期の他の業種も含めた「濡れ手に粟」の好景気をさす言葉となった。

所・神戸《こうべ》製鋼所などが「特需砲弾百万発納入記念祝賀会」を開いたほどである。自動車産業の復興も著しく、さらにF86ジェット戦闘機などの修理を受注した昭和飛行機・相模《さがみ》工業・小松製作所などは、このなかでジェット・エンジンや耐熱金属の技術を入手・消化し、占領で中断されていた航空機工業の基盤を復活させた。

　朝鮮戦争による特需の総額は、一六・二億ドルと推計されており、このなかには物品のほかに役務（最高時には五一・六万人）への給与も含まれている。また特需総額は当時の為替レート一ドル＝三六〇円で換算すると、五八三〇億円にのぼり、一九五〇年度の一般会計予算額に匹敵するほどの額になる。

　朝鮮戦争に日本人を軍隊として派遣する計画も立てられた。中国人民義勇《ぎゆう》軍《ぐん》▲が参戦し、国連軍が撤退を繰り返していた一九五一年初頭、米極東軍司令部は統合参謀本部に対し、予備隊を「朝鮮戦争の必要に合致」させるため、米地上軍と同水準の重装備をもつ四個師団の兵力として育成し、かつあらたな六個師団を追加することが必要であるとし、その予算措置を要請した（五一年一月三日）。国防長官マーシャル▲はこれに賛成したが、国務長官アチソン▲はこれを厳

▼中国人民義勇軍　朝鮮戦争で朝鮮人民軍を助けて参戦した中国の義勇軍。司令官は彭徳懐《ほうとくかい》で三〇〇万人以上が参加し、約一〇〇万人が戦死したとされる。この義勇軍の派遣は、毛沢東の指示によるものであるが、正規軍を動かして国連軍を敵にまわし、かつ米中戦争に拡大することを避けたもの。

▼ジョージ＝C・マーシャル　一八八〇〜一九五九年。一九四七〜四九年、国務長官としてマーシャル・プランを推進。一九五〇〜五一年国防長官。一九五三年ノーベル平和賞を受賞。

▼ディーン＝G・アチソン　一八九三〜一九七一年。一九四五〜四七年国務次官、四九〜五三年国務長官。NATOの創設と対日講和に尽力。

しく拒否し、このような措置をとるならば極東委員会の日本非武装決議を侵害し、アメリカは「最良の友好国」(イギリス▲)にまで離反されるなど「対日政策の面で大きく孤立するに違いない」と反論した(一九五一年三月一日)。外交を担当する国務省からすれば、この事態はソ連を激怒させ、また対日講和条約の準備を共同で進めているイギリスからも反対されることが必至の、越えてはならない最後の一線であった。

　米軍の日本軍投入の意図を最終的に打ちくだいたのは、日本の世論状況であった。予備隊が創設された直後の一九五〇年九月、当時の日本論壇を代表する人物をほぼ網羅する「平和問題談話会▲」が「三たび平和について」と題する声明を発表し、日本の再軍備はかつて日本の侵略をこうむったアジア諸国の鋭い猜疑《さいぎ》心《しん》を呼び起こすとし、独立後の日本は平和四原則(全面講和、中立堅持、軍事基地提供反対、再軍備反対)にのっとるべきであると主張した。この平和四原則は各方面に支持者を広げた。一月十五日には労農《ろうのう》党▲・共産党▲など約九〇団体が「全面講和愛国運動全国協議会」を結成し、二十一日には最大野党の社会党▲が大会で「平和四原則」を決議した。二十四日、日教組《にっきょうそ》大会は「再び教え子を戦場に

▼**イギリス**　イギリスは一九五〇年一月初め、新中国を承認した。

▼**平和問題談話会**　一九四九年三月に設立された知識人の平和研究団体で、安倍能成《あべよししげ》・大内兵衛《おおうちひょうえ》・南原繁《なんばらしげる》・桑原武夫《くわはらたけお》らが中心となった。単独講和に反対、雑誌『世界』一九四九年三月、五〇年三月・十二月各号に全面講和・中立不可侵を声明、五〇年三月には軍事基地反対を表明した。

▼**労農党**　正式には労働者農民党で一九四八年十二月結成。社会党左派の黒田寿男《くろだとしお》・木村禧八郎《きむらきはちろう》ら一四人の国会議員で結成した。民主人民戦線を提唱したが、一九五七年解党し社会党に復帰した。

▼**共産党**　正式には日本共産党。一九二二年結党。一九四五年再建された。

▼**社会党**　正式には日本社会党。一九四五年十一月戦前の無産政党各派により結成、四七年の総選挙

送らない決意」を確認し、翌二十五日にはこれを明記した「講和に関する決議」を採択し、教組運動の柱とする態度を表明した。GHQの援助で結成された総《そう》評《ひょう》も、第二回大会（三月十〜十二日）でこの四原則を討議し、圧倒的多数で採択した。さらに平和四原則は各産業別労組でつぎつぎと決議された。この世論は日本政府にも影響をあたえ、講和問題への対応を検討していた外務省は、日本が「民主主義陣営の一員▲」ではあるものの、「再武装の意思をもたないこと」を基本的立場とするよう吉田首相に勧告した。

日本で右のような動きが顕著になったことは、米軍当局者にも大きな衝撃をあたえた。統合参謀本部は日本軍派兵計画を取り下げたのであるが、その理由は、「深い平和主義と反軍国主義の感覚が日本の大衆をとらえている」ので、日本は「軍事的にはパートナーというよりはむしろ保護国」としたことにある。

未然に終った原爆投下計画

朝鮮戦争を日米関係の面から考える場合、日本（沖縄を含む）を発進基地として原爆攻撃が計画されたという問題を忘れることができない。マッカーサー国

で第一党となり、片山哲《てつ》内閣を組織した。

▼**民主主義陣営の一員**　この時期には、社会主義諸国を「全体主義陣営」と考え、これに対し、アメリカを中心とする資本主義諸国を「民主主義陣営」と呼ぶ慣習があった。「西側陣営の一員」という用語も同様な意味に用いられた。

連軍司令官が朝鮮戦争で原爆の使用を計画したことはよく知られている。それは一九五〇（昭和二十五）年十二月二十四日に上申《じょうしん》されたもので、原爆二六個を使用し、うち四個を「侵入軍」（朝鮮にいる中国人民義勇軍）に、四個を「敵」空軍のもっとも集中する基地（満州《まんしゅう》）へ投下すべきであるとした。また彼は三十日、米統合参謀本部に対し、国連軍による中国沿岸の封鎖、爆撃・艦砲射撃で中国の軍事工業能力を壊滅させ、国民政府軍《こくみんせいふぐん》（台湾）を国連軍に編入し中国大陸への反攻作戦を行わせるべきであると提議した。米空軍参謀長ヴァンデンバーグ▲らはこれを支持し、中国に対する報復的攻撃のエスカレーションをはかるべきであると大統領に進言した。しかしこれに対してはイギリスとカナダが強硬に反対した。両国は戦争の中国への拡大に極度の嫌悪感を示し、かつ中国に核攻撃を加えればソ連がヨーロッパで報復を行い、第三次世界大戦が始まると危惧したのである。

アメリカの国防長官・統合参謀本部議長らも、中国との公式の戦争はイギリスとの対立を引き起こし、かつ米軍主力をアジアに釘づけにされ、そのうえヨーロッパで戦端が開かれればその負担にたえられないと判断した。この時点で

▼**ホイト＝S・ヴァンデンバーグ**　一八九九〜一九五四年。軍人で、ヴァンデンバーグ決議で有名なアーサー＝ヴァンデンバーグとは別人。第二次世界大戦中はヨーロッパ派遣航空隊を指揮、戦後中央情報部長官、陸軍航空隊副司令官、同参謀長をへて、空軍参謀長となった。

マッカーサー提案は退けられ、戦争の範囲を朝鮮に限定して政治的解決をはかることになった。マッカーサーはこの政治的決断を公然と非難したため、四月十一日、国連軍司令官を解任され、後任にリッジウェー▲が任命された。なお、この方針がアメリカ政府の正式決定となったのは、NSC四八／五▲（一九五一〈昭和二十六〉年五月十七日）である。この場合も、原爆攻撃の発進基地はまず嘉手納が想定されていたし、中国との戦争の場合、その根拠地が日本におかれると予想されていた。その際には在日米軍基地が報復攻撃を受けたであろうし、日本はアジア諸国民から「核戦争への荷担者」として非難されたにちがいない。

その後の研究によれば、朝鮮戦争における原爆投下の計画は、かなり具体的なものが少なくとも二度はあった。一度目は一九五一年四月七日の出動命令で、中距離爆撃隊が九個の原爆を搭載してグアムで待機させられた。このときは最終発進地の嘉手納に移動させられることなく、六月に米本国への帰還を命ぜられた。これはマッカーサー提案が実施寸前にあり、かつ、それが彼の解任とNSC四八／五の決定で中止されたことを示すものと思われる。

今一度は一九五三（昭和二十八）年五月のもので、国家安全保障会議が核兵器

▼マシュー＝B・リッジウェー　一八九五〜一九九三年。第二次世界大戦中には空輸部隊司令官をつとめる。朝鮮戦争で国連軍第八軍団司令官、マッカーサーが罷免されると国連軍司令官兼日本占領軍最高司令官となった。のち米陸軍参謀長。

▼NSC四八／五　米国家安全保障会議決定「アメリカのアジアにおける政策と行動方針」で、一九五一年五月十七日にトルーマン大統領の署名をえて正式に発効した。

の使用を検討し、投下を認める案を採択したというものである。これは、アイゼンハワー大統領が署名を拒否したため却下された。署名拒否の理由は、核攻撃を行えば日本の人口集中地がソ連の核報復を受ける可能性が高いが、在日米軍はそれを防禦する体制をとっていないというものであった。この時期は米軍が北朝鮮で電源ダムに対して大規模な攻撃を行っていたので、その拡大をはかったものであろう。問題は、二度目が占領下ではなく、日米安保条約発効後の時期であったという点である。日本を発進基地とする核攻撃が、占領終了後も日本政府の立場や国民世論を考慮せずに計画されたわけである。まさに「保護国」状態であった。

対日講和への動き

アメリカの対日講和の骨子は、ドレーパー使節団の成果を確認した国家安全保障会議でほぼ決められていた(NSC一三／二、一九四八年十月)。それは、対日講和をアメリカの冷戦政策に利用し、アメリカの立場の強化に役立つ日米関係を築くこと、沖縄の米軍基地を恒久的に保有する方策を探ること、講和後も横須賀《よこすか》を軍事的・商業的基地とすること、日本で警察力を強化し共産主義者の政権掌握を封じること、占領政策の重点を民主化から経済復興に移し、講和後の日本がアメリカに寄与できる態勢をつくることなどである。これはすでにソ連を含めた連合国全体の講和という「全面講和▲」方式をすてたもので、英米両国が中心になって「単独講和▲」を実現しようというものである。

　中国での国共内戦が共産党軍の勝利に終ろうとしていた一九四九年九月、米国務長官アチソンは英外相ベヴィン▲と会談し、米英主導の「単独講和」方式に対するイギリスの合意をとりつけた。中国での変動に対抗し、日本の役割を高めるためである。一九五〇年四月には、ダレス▲が国務長官特別顧問に任命された。以後、対日講和については、ダレスがイニシアティヴをとるようになった。

米軍駐留を継続するための論理

　ダレスが必要としたのは、第一に、ポツダム宣言に矛盾しない形で講和後の日本に米軍を駐留させるという論理をみつけることであった。ポツダム宣言には、日本に「平和的傾向を有し、かつ責任ある政府が樹立」された際には、占領

▼**全面講和**　第二次世界大戦で交戦状態にあったすべての国と講和を結ぶ方式で、一九四六年のイタリアと連合国の講和が実例。

▼**単独講和**　米ソ冷戦が激化したのち、アメリカとその同調国により構想された講和方式。中華人民共和国などの排除を前提とした。

▼**エルンスト＝ベヴィン**　一八八一～一九五一年。一九四五年、イギリスのアトリー労働党内閣で外相となり、北大西洋同盟を結成するなど反共外交を推進した。

▼**ジョン＝F・ダレス**　一八八八～一九五九年。パリ講和会議に参加、過重な対独賠償の緩和に尽力、国際連合創設に奔走。戦後対日講和を推進、アイゼンハワー政権の国務長官となり、「大量報復」など強硬な反ソ反共外交を推進した。

軍は「直ちに撤収」することが確約されており、対日講和と「占領軍の撤収」は不可分とされていた。このジレンマからダレスを救ったのはマッカーサー・メモ▲であった。その第一点は、ポツダム宣言に、占領軍の撤収には「無責任なる軍国主義▲が世界より駆逐」されることが要件とされており、現に日本近辺には「無責任なる軍国主義」（共産主義者）が驕《おご》っているので、その「脅威」がなくなるまで、米軍が日本に駐留を続けるのは当然であるとした。第二点は、このための駐留米軍は、日本全土で軍事行動が認められるとした。第三点は日本国憲法第九条にかかわらず、日本が固有の自衛権をもつことを主張していた。

この論理は、ダレスを感心させただけでなく、朝鮮戦争の勃発後、ただちに予備隊の創設や掃海隊の出動の根拠として利用された。ダレスは、この論理を用いて「対日講和七原則」を作成し、関係各国に配布して回答を求めた。その要点は、領土問題では、沖縄・小笠原《おがさわら》諸島はアメリカの信託統治《しんたくとうち》▲下におき、安全保障問題では、満足すべき取決めが成立するまでは、アメリカが軍隊を駐留させるとし、賠償問題では日本の戦争行為での賠償は放棄するとしていた。

一九五一年一月初めの二週間、国連軍は朝鮮戦争で退却を重ね、米軍首脳の

▼マッカーサー・メモ　一九五〇年六月十四・二十三日の二度にわたりマッカーサーが作成し、来日したダレスに手渡したメモで、その主旨は、第一に、ポツダム宣言の「無責任なる軍国主義が世界より駆逐せらるる」まで占領軍が日本に駐留するとの規定は、ソ連・中国などの「無責任なる軍国主義」国がなくなるまで、講和後も米軍が日本に駐留する権利をもつと解釈すべきこと、第二に、この結果、駐留米軍は日本全土で軍事行動を行う権利をもつこと、第三に、日本国憲法第九条にかかわらず、日本は固有の自衛権をもつとするものである。

▼無責任なる軍国主義　かぎりない征服欲・膨張主義の意で、本来、日本軍国主義をさし、占領管理はこの基盤を断つことにあった。

▼信託統治　国際連合の監督のもとに、その信託を受けた国が施政権者としてある領土を統治する

あいだに朝鮮半島からの撤退さえありえるという悲観論が広がった。国務省は同年一月十一日、ダレスら講和使節団を日本に派遣し、日本が講和直後に再軍備すると確約するよう強硬に迫ることを決めた。ダレスらは二十五日に東京に到着し、日本政府が再軍備を受け入れ、「自由世界の防衛」に「具体的(軍事的)に貢献」せよと要請した。吉田首相は、当時の日本が「特需」に応じていた事実をあげ、この協力以上は無理と主張したが、ダレスは執拗に再軍備を求めた。吉田は仕方なく、二月三日、「再軍備計画の第一歩」▲と題する文書をダレスに渡した。これは、(1)講和後に五万人の国防軍を創設し、将来の日本軍の核とすること、(2)国家治安省や防衛企画本部を設置し、アメリカ側との協議の窓口にすることが述べられた。アメリカの国防省や国家安全保障局に対応する機関を日本にもおき、日本の防衛や外交の基本を決めるというものである。

ことをさす。アメリカは沖縄を一九四六年以来「最重要基地地域」と位置づけ、恒久的に統治権を行使することを予定、対日講和条約の準備の際、沖縄を、軍事基地を設置できる「戦略的信託統治領」にする申請手続きをとり、認可されるまで施政権の行使を続けるとした。

▼**「再軍備計画の第一歩」**　一九五一年二月三日、吉田茂首相がダレスに手渡した文書で、(1)講和後五万人の国防軍を創設、将来の日本軍の中核とする、(2)国家治安省などを設置、米側との交流を便にするとした。ダレスは一九五三年、国務長官になり、日本にはからず自衛隊創設用の援助費を議会に上程した。

③—サンフランシスコ講和と日米安保条約

サンフランシスコ講和会議への道程

ダレスは一九五一(昭和二十六)年二月十一日に日本を離れたが、彼の滞日中に日教組《にっきょうそ》・私鉄総連《そうれん》・総評《そうひょう》などの団体が全面講和を求める要請書を提出した。平塚《ひらつか》らいてう▲・野上弥生子《のがみやえこ》▲ら五人の女性は、軍事基地の設置と再軍備に反対する「講和に関する日本女性の希望条項」▲を彼に手渡した。しかし、ダレスはこれらを無視し、帰国に際しては、日本政府が講和後の米軍駐留を歓迎したとしか述べなかった。

講和条約の要綱は六月、ロンドンでの米・英会談で合意された。ここにいたる前、マッカーサーが罷免《ひめん》され、朝鮮・「満州《まんしゅう》」への原爆投下や世界戦争へのエスカレーションが回避されたこと、アメリカがこれを局地戦争に限定し、日本を基地とする戦争を続けるなどの方針をとることで、イギリスはようやく妥協したのである。マッカーサーが罷免された日、イギリスは講和に北京《ペキン》政府を参加させるよう提案▲したが、アメリカはこれを拒否した。六月二十三日、ソ連の

▼**平塚らいてう**　一八八六～一九七一年。一九一一年、『青踏《せいとう》』で「元始《げんし》、女性は実に太陽であった」と宣言、五一年二月、四人の女性とダレスに日本女性の希望条項を手渡した。

▼**野上弥生子**　一八八五～一九八五年。小説『真知子』『迷路』などで有名で、講和条約問題で平塚らと行動をともにした。

▼**「講和に関する日本女性の希望条項」**　「一、すべての国ぐにをふくむ講和を。二、国連の軍事行動に協力することはできません。三、再軍備反対」に説明がついた。

▼**イギリスの提案**　朝鮮戦争停戦の契機をつかもうとしたもの。

国連代表マリク▲が朝鮮停戦の交渉開始を提案すると、トルーマンは二十九日、これを受け入れた。講和条約の英米草案は、この直後の七月三日、完成した。七月二十日、米英両国政府は、第二次世界大戦で日本に宣戦布告した四九カ国に招請状を送り、九月四日からサンフランシスコで講和会議を開くこと、およびこの会議ではいわゆる「談判《だんぱん》」をせず、草案を調印する機会とすることを通知した。さらに八月十六日、米英は最終草案を決定し、関係諸国に発送した。

フランスは、ベトナム・ラオス・カンボジアの代表を加えることを要請し、いれられた。イギリスはマラヤ・シンガポール・香港などの出席を求めず、これら諸地域も英国が代表することとした。北京政府・台湾政府・北朝鮮・韓国およびモンゴル人民共和国は招請されなかった。インド・ビルマ（現ミャンマー）・ユーゴスラヴィア（現セルビア・モンテネグロ）は招請を受けたが、不参加の意思を表明した。ソ連は、アメリカの予測とは異なり、グロムイコ▲外相を派遣し、同陣営のポーランド・チェコスロヴァキア（現チェコ、スロヴァキア）も参加した。こうして九月四日、日本を含め、五二カ国が参加して対日講和会議が開始された。

▼ヤーコフ＝A・マリク　一九〇六〜八〇年。ソ連の外交官。一九五〇年代の日ソ国交回復条約交渉でソ連全権代表をつとめた。

▼アンドレイ＝A・グロムイコ　一九〇九〜八九年。国際連合の設立に尽力し、国連安保理ソ連代表。一九五一年九月、サンフランシスコ講和会議に出席し条約に反対した。

▼ケネス＝G・ヤンガー　一九〇八〜七六年。イギリスのアトリー労働党内閣の外務次官。一九五〇年四月、ベヴィン外相が病気で休職したため外相代行となり、サンフランシスコ講和会議のイギリス全権代表をつとめた。

講和会議は、アメリカ全権ダレスとイギリス全権ヤンガー▲が提案者としての説明を行ったあと、各国全権が英語国名のＡＢＣ順に意見陳述を行った。

条約草案の内容についてはダレスが概要を説明した。第一章(平和)は、各連合国とのあいだの戦争状態を終結し、かつ「日本国およびその領水《りょうすい》に対する日本国民の完全な主権を承認する」とされた。第二章(領域)は、日本国の主権をポツダム宣言で規定された「本州、北海道、九州および四国ならびに吾等(連合国)の決定する諸小島」に限定した。かつ日本は朝鮮の独立を承認し、台湾・澎《ほう》湖《こ》諸島、千島《ちしま》列島、南樺太《からふと》、南洋諸島(旧委任統治領)、南極、南沙《なんさ》諸島および西沙《せいさ》諸島などのすべての権利・権原・請求権を放棄するとされた。台湾以下の諸地域が今後どこに帰属するかは言及されなかった。

沖縄・小笠原《おがさわら》諸島についての規定は、まわりくどい表現が使われたが、主旨は単純であった(第三条)。アメリカはこれら地域を、アメリカを施政権者とする国連の信託統治《しんたくとうち》下におくよう提案するが、その手続きが完了するまでのあいだ、アメリカが沖縄・小笠原の施政権を掌握し続けることを明記し、日本および関係諸国に承認させたのである。つまりこの規定は、米軍がこれまでどおり朝鮮戦争などに沖縄の基地を使用し続けることを意味するものであった。

第三章（安全）では、日本が国連憲章の命ずる「国際紛争の平和的解決」（第二条）の義務を守ることを受諾し、遵守すべきことを規定した。あわせて日本が国連憲章にそって「集団的安全保障の取り決めを自発的に締結」できることを承認するとした。要するに日本が、日米安保《にちべいあんぽ》条約などを結ぶ権利をもつことを認めるというものである。さらに同章の第六条は、現在日本領域にある連合国軍隊が、日本の希望する場合には引き続き駐留できることを規定した。この規定は、日米安保条約が結ばれれば、占領軍としての米軍が、講和発効後も撤退しないで駐留軍（在日米軍）に変身できるとするもので、ダレスは、もし占領軍がいったん撤退して再駐留するという手続きをとれば、その瞬間に「巨大な軍事力を有する侵略者▲」の至近の場所に「日本を一時完全に無防備のまま曝《さら》す」ことになり、日本に大きな危険をもたらすと説明した。

ダレスは、このような講和を、「憤怒《ふんぬ》の跡形もない平和を日本に提供」するもので、「敗者に対する寛大な行為」であると自負を示した。彼によれば、「連合国が史上かつてない自制心を発揮」した結果であり、「洗練された利己主義」を

▼**巨大な軍事力を有する侵略者**　アメリカはこの当時、共産主義国はつねに世界征服・制覇を考えているとみなし、ソ連・中華人民共和国・朝鮮民主主義人民共和国が、隙さえあれば日本に侵攻、支配しようと企てているとみなしていた。

▼日本の状態　ダレスの演説によれば、「アメリカは占領中に、日本に食糧と原料をあたえるために二〇億ドルを提供」するほど、日本は困窮しているとされた。

もとにしたものであった。これは、日本の侵略がもたらした大きな損害や苦痛に対し、報復・懲罰・賠償を対置するのではなく、むしろ新しく生まれ変わった日本が国際社会に貢献する条件をつくり、そこからより多くの利益を引き出そうとする態度をさしている。

ダレスによれば、「日本の侵略は巨大な失費・損失・苦痛を招」き、その規模は「控え目にみても総額一〇〇〇億ドルになろう」し、「会議参加諸政府は何十億ドルに上る請求権を持ち、〔参加していない〕中国もまたこれに等しい額を請求できるであろう」。しかし、現在の日本は領土が「本来の四つの島に縮小」され、「人口を養うに足る食糧の生産もできないし、日本人が働くのに必要な原料の生産もできない」状態▲にある。もしこの日本から金銭賠償の取立てを強行するならば、日本経済は破綻し、それを機に「独裁主義の煽動家ども」が革命的蜂起を起こし、日本を「脅威」に変えるであろう。逆に日本の復興を促進するならば、この危険を避けることができ、賠償を求める国々は、復興した日本から必要な工業製品や技術(役務)を手にいれることができるであろう、とされた。

以下、すべての参加国の全権代表が演説を行ったのであるが、そのなかからめだった発言の中心となる部分を摘記したい。
イギリス全権ヤンガー　「イギリス連邦のわれわれは、日本の侵略にともなう残虐行為▲を忘れてはいない。マレーと香港の人々は、日本の占領―その堕落と野獣性―の直接の経験を忘れてはいない。しかし、われわれは、平和解決にあたって憎悪と復讐の念を止揚《しよう》すべきであり、いたずらに過去を思いめぐらさないで将来に眼を向けるべきであると思う」。
フィリピンのカルロス＝ロムロ全権　「アジアには天の下人類は同胞という諺《ことわざ》がある。しかし同胞とは心の問題であり、開花するにはまず心が清浄でなければならない。相互の間に憎悪の牙が永遠に追放されるよう希望する」。
吉田茂《しげる》全権代表　「この平和条約は、復讐の条約ではなく、『和解』と『信頼』の文書であります。日本全権は、この公平寛大なる平和条約を欣然《きんぜん》受諾いたします」。われわれは「古い日本の演じた役割を悲痛な気持ちをもって回顧」し「すべての野望・あらゆる征服の欲から洗い清められて……隣邦諸国と平和のうちに住み、その社会組織を作り直して、すべての者のためによ

▼**残虐行為**　日本軍が太平洋戦争中にシンガポールやマレー植民地(のちのマレーシア)などで行った華人《かじん》を中心とする現地人の大量虐殺や、強制労働、死にいたるほどの酷使などをさす。

●――サンフランシスコ平和条約に調印する吉田首相（一九五一年九月八日）

りよい生活を作らんとする希望に燃えております。……われわれは平和・正義・進歩・自由……のために全力を献《ささ》げることを誓うものであります」。

会議の最終日である九月八日、朝十時から条約調印式が行われた。調印は参加国の英語名のＡＢＣ順に全権代表によってなされ、日本も含め、四九カ国が署名した。会議に参加したソ連・ポーランド・チェコスロヴァキアは調印式を欠席し、この平和条約には加わらない態度を示した。

この日、インド政府は日本政府に書簡を送り、対日戦争状態の終結を宣言し、個別に日本との平和条約を結ぶ用意のあることを伝えた。サンフランシスコ平和条約は、翌一九五二（昭和二十七）年四月二十八日、アメリカ合衆国が最後に批准書《ひじゅんしょ》を寄託し、発効した。

この会議に招待されなかった国、および参加しなかった国、署名しなかった国、署名したが議会が批准を拒否した国とは、その後、日本は個別に平和条約または国交回復のための協定を結んだ。現在まで国交が樹立されていない国は、朝鮮民主主義人民共和国だけである。

日米安保条約の締結

平和条約第六条に規定された日米安保条約について、アメリカはその内容を政権内部で検討していたが、日本に伝えられる前にそれがスクープされ、七月十九日、アメリカ各誌に大きく報道された。約二週間後の七月三十日、アメリカは日本外務省に案文《あんぶん》を送付した。これには第一条に、アメリカは米軍を日本に駐留させ、外部から武力攻撃が加えられた際に「日本の安全に寄与」し、「極《きょく》東《とう》における国際の平和と安全の維持」にも使用できると規定されていた。日本側はこの主旨を受諾することをアメリカに伝え、表現について若干の訂正を求めた。また、当初の原案は、「協定」とされたが、最終案では、調印と議会・国会での批准を要する「条約」とされた。この案文が決定したのは、日本の講和会議全権団がサンフランシスコに出発する数日前の八月二十五日であった。

安保条約の調印の日時と場所がアメリカから日本側代表に通知されたのは、吉田茂全権が平和条約を受諾する旨の演説を行った九月七日の夜十一時ごろで、しかも翌八日(調印日)の夕方五時、サンフランシスコ市北端、金門橋《きんもんきょう》の近くにある第六兵団の司令部(プレシディオ)で行われるという連絡を受けた。日本全権のなかにはあまりに露骨なアメリカの「押し付け」に失望感をいだく者が多く、苫米地義三《とまべちよしぞう》▲全権は、このままでは世論の反発を買うと苦情を述べた。しかし吉田全権代表は、ソ連などに介入の余地をあたえないためには、講和条約の調印から間髪をいれずに安保条約を結ぶほうが得策であると判断し、翌日の調印を了承した。

条約に対しては、アメリカ側からはアチソン国務長官、ダレス特使、ワイリー▲およびブリッジス▲両上院議員が署名し、日本側は吉田総理のみが署名した。日本側からは池田勇人《いけだはやと》・星島二郎《ほしじまじろう》・一万田尚登《いちまだひさと》の三全権と吉武恵市《よしたけけいいち》・大野木秀《おおのぎひで》次郎《じろう》全権代理が出席したが、苫米地・徳川宗敬《とくがわむねよし》両全権は欠席した。

「日本国とアメリカ合衆国との間の安全保障条約」(「安保条約」と略称)は、前文と五カ条の条文からなり、第一条で、サンフランシスコ講和条約の発効と同時に日本国が、アメリカにその陸・海・空軍を日本国内およびその付近に配備する権利をあたえること、この米軍は「極東における国際の平和と安全の維持に寄与」するため、また日本国内において外部勢力の教唆による「大規模の内乱及び騒擾《そうじょう》を鎮圧」すること、「外部からの武力攻撃に対する日本国の安全に寄

▼**苫米地義三**　一八八〇〜一九五九年。戦前は実業家として活躍。一九四六年四月の総選挙で当選、民主党結成に尽力、運輸相、内閣官房長官などを歴任。一九五〇年国民民主党を組織し、その代表としてサンフランシスコ講和会議に出席した。

▼**アレクサンダー＝ワイリー**　一八八四〜一九六七年。アメリカ上院議員で共和党に属し、ウィスコンシン州選出。

▼**ヘンリー＝S・ブリッジス**　一八九〇〜一九六一年。アメリカ上院議員で共和党に属し、ニューハンプシャー州選出。

▼**デイヴィッド＝Ｄ・ラスク**　一九〇九〜九四年。一九五〇年極東問題担当国務次官補。ケネディーおよびジョンソン政権の国務長官。

▼**岡崎勝男**　五ページ頭注参照。

▼**西村熊雄**　一八八九〜一九八〇年。一九四七〜五二年、外務省条約局長。サンフランシスコ講和会議に全権団随員として参加、一九五二年、日米行政協定交渉に岡崎勝男とともに尽力。

与」するために使用することとし、これらの米軍の駐留場所（基地）や規律・犯罪の処理などの要件は、この条約の発効までに取り決められる「日米行政協定」で決定すること（第三条）、またアメリカの合意なしに他国に基地の保有や軍隊の通過・演習などが認められないこと（第二条）、この条約は批准を要することなどが規定された。この条約は、両国が、この条約が不要になったと認めた場合にのみ効力を失い、一国だけの廃棄はできないとしていた。

安保条約第三条で規定された「日米行政協定」については、講和条約と安保条約が発効する一九五二（昭和二十七）年の一月下旬から日米の交渉が開始された。交渉のもとになったアメリカ側原案は、リッジウェーＧＨＱ司令官から一月二十四日、吉田首相に手渡された。アメリカ国務省の代表が持参すべき原案が、対日占領軍代表の手から手渡されたところに、占領中の米軍の政治的地位が反映されている。交渉はラスク▲国務次官補がアメリカ大使の資格で来日し、一月二十九日から東京で開始された。日本側の代表は岡崎勝男《おかざきかつお》▲国務大臣（内閣官房長官）であり、外務省条約局長の西村熊雄《にしむらくまお》▲がその補佐役をつとめた。

交渉の要点はまず、米軍が駐留する「施設および区域の決定」に関する問題で

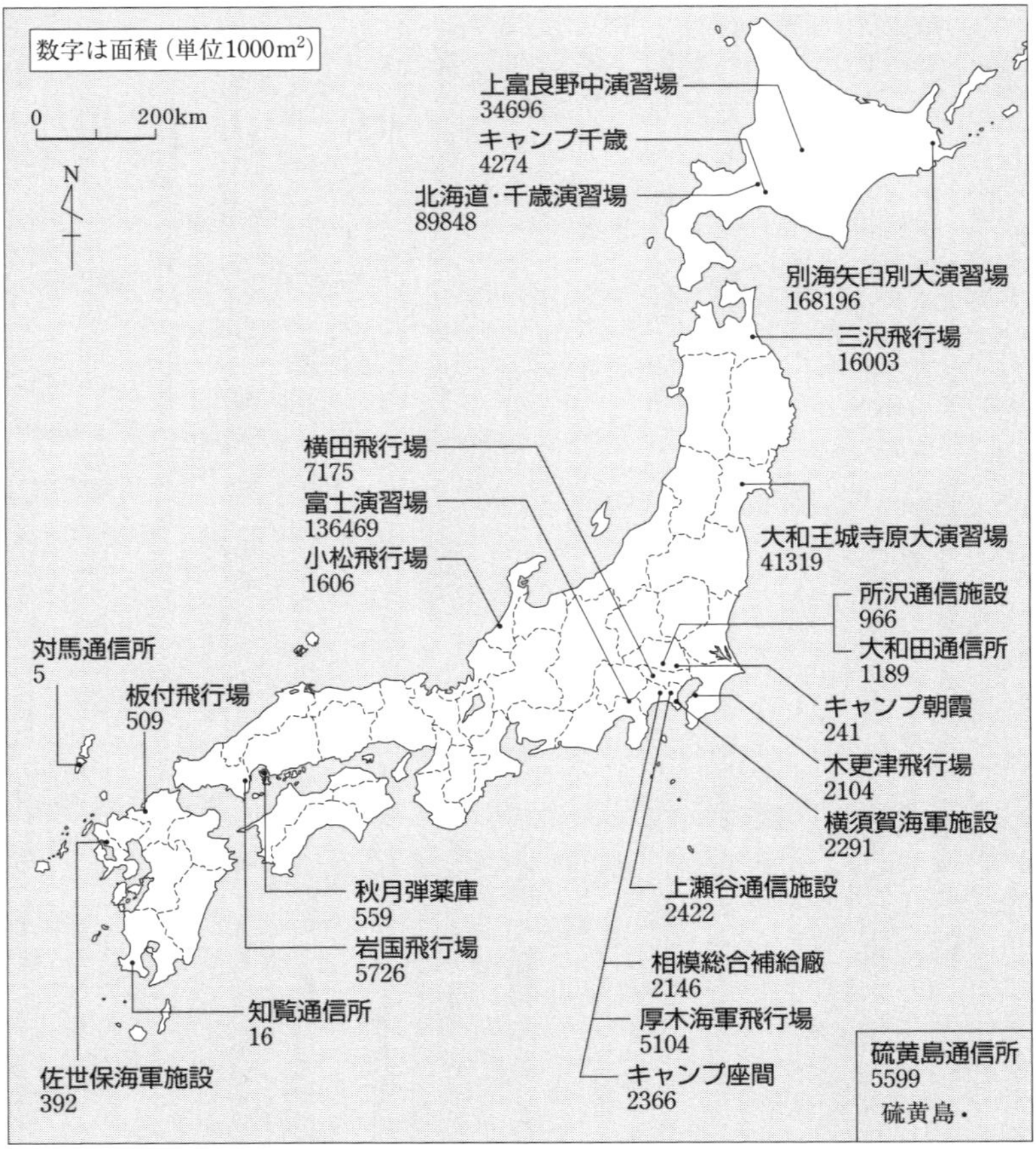

●——在日米軍のおもな基地と施設（朝雲新聞社編『防衛ハンドブック60年版』より）

あった。アメリカ側原案では、占領軍として駐屯している米軍が講和発効後も、それまでの施設および区域を使用する、となっていた。これに対して岡崎は、国民は「占領の継続」に強い拒否反応を示しており、「国民感情に細心の注意を払うことが必要」であると主張し、米極東軍の使命と両立するかぎりにおいて「縮減・改組・併合・移転等」によってできるだけ多くの接収施設を解除することを求めた。アメリカ側もこれをいれて原案を取り下げ、「施設および区域」は交換公文《こうぶん》で個別に取り決め、若干の基地の移転に合意した。しかし、本土最大の空軍基地立川《たちかわ》基地や、東富士《ひがしふじ》演習場など米軍が朝鮮戦争を続けるのに不可欠な基地は返還されず、のちに一層の拡張が要求された。

　日本の外部からの攻撃に対する「防衛措置」の問題では、当初、そのような事態が生じた際には日本の軍隊・武装勢力▲はすべて「統合司令部の指揮下」に組み入れられ、米人司令官がその指揮にあたる旨を明文化した原案がだされた。アメリカ側は、日本が、ヴァンデンバーグ決議▲に応じた軍事力をもたない現状で、この条項がないと米国議会の承認がえられないと主張したが、日本側は、これでは日本の「従属性」があまりに露骨で、日本国民を納得させることができない

▼**武装勢力**　警察予備隊および海上警備隊をさす。日米行政協定の交渉で、日本が外部から武力攻撃を受けた場合、米軍とともに日本の武装勢力＝警察予備隊や海上警備隊の反撃参加が議された。

▼**アーサー＝H・ヴァンデンバーグ**　一八八四〜一九五一年。一九四六年、米上院外交委員長となり、四八年、北大西洋条約機構加盟諸国にアメリカが軍事援助を行う際の原則を提案、議決された。米からの軍事援助国は、自国防衛の自助努力をする国に限るとするもので、ヴァンデンバーグ決議と通称される。

ので、実際はともかく、文言としては、敵対行為または敵対行為の急迫した脅威が生じた際には、両国政府が「ただちに協議する」という表現にするよう求めた。これに関してはアメリカ側の譲歩が引きだせなかったため、非公式会議の席上、岡崎は、「これは私見であるが」としながら、近い将来与党が国会で多数を占めた際には「憲法の改正」を行い、再軍備を実行すると明言し、また岡崎・西村両人は、現状でも「日本政府は自衛のための軍隊の創設や諸法規の改正など、政府として可能な方法での対米協力を強化し続ける」と明記した覚書を手渡した。これをみてアメリカ側は譲歩し、緊急の場合、両国政府がただちに「協議する」という文言を用いることで合意した。

駐留米軍の軍人・軍属の犯罪に関する刑事裁判権の問題も激論がなされた分野である。当初、アメリカ側は米軍が「専属的裁判権▲」を行使する制度を提案した。日本側は、これでは国民が「治外法権《ちがいほうけん》」が押しつけられたと反発し、また法的にも「フィリピン以下的▲」であると反論し、表現のうえでは「相互平等主義」をとるよう主張した。結局、軍隊としての勤務中に米国軍人・軍属が罪をおかした場合にはアメリカ側が裁判権をもち、軍務以外の時間の犯罪には日本側が裁

▼**専属的裁判権**　駐留する米軍人・軍属の犯罪に対し、その裁判権はいかなる場合にも米軍に属し、米軍が裁く方式。日本の裁判権が否定される治外法権の一種。

▼**フィリピン以下的**　フィリピンでは一九四六年の米比基地貸与協定で、米軍人・軍属の犯罪に対する裁判権は相当程度米軍に属し、フィリピンの法権は軍事勤務時間外の米兵の犯罪に限るとされた。日本に示された米側の日米行政協定案は「これ以下」の意。

▼**刑事裁判権の相互対等の原則**　これは当時未発効の「軍隊の地位に関する北大西洋条約当事国間の協定」を受けて、それが発効した後に日本でも実施するとされたもので、一九五三年九月二十九日、日米間の議定書が成立、同年十月二十九日に発効した。

判権をもつことにすることで決着した▲。

この交渉は二月二十八日妥結した。アメリカ側はラスク代表とアレクシス＝ジョンソン▲国務省極東局日本課長が、日本側は岡崎勝男が、それぞれ権限の委譲を受けて同二十八日、この協定に署名した。

この協定についてアメリカでは、上院外交委員会で国務省のアリソン▲極東局長が報告を行った。アリソンは、この協定がアジアの国と対等の立場で結ぶ最初の事例として、アジア各国から注目を集めていると指摘し、アメリカの原案に日本がいくつか表現の変更を求めたので、「われわれは日本側の要求する用語を取り入れた。……しかし、文言は変わったが本質は全く変わらない」と述べ、さらに「日本の官僚は……機が熟せば憲法を改正すると明言した」と、非公式交渉の内幕まで暴露する説明を行い、上院外交委員会の了承を取りつけた。

日本では、国会でこの協定が公表されると、社会党が中心となり、国会承認の手続きをへずにアメリカに基地を提供したことに対して、強い非難の声▲があげられた。またこれを新聞論調や世論でも、この協定が「日本をアメリカの植《しょく》民《みん》地《ち》化するもの」と非難する声が強かった。しかし行政協定は、講和条約と安

▼アレクシス＝ジョンソン　一九〇八〜九七年。ジョンソン政権期の駐日米大使。エドウィン＝ライシャワーの後継者で、日本語、日本事情に精通していた。

▼ジョン＝M・アリソン　一九一三〜七八年。一九四六年米国務省日本課長補佐官、四八年極東局長となり対日平和条約、安保条約、行政協定問題を担当した。

▼非難の声　独立と主権が回復されるはずの講和後に、朝鮮戦争のため、日本全土が米軍基地や訓練場として利用される状態が継続していることを、国民が反感をもったためと推定される。

保条約と同じ一九五二年四月二十八日、交換公文の相互交換により発効した。

保安隊の創設

行政協定の交渉中に日本側が内密にアメリカに示した「自衛のための軍隊の創設」は、議事のなかでは、ヴァンデンバーグ決議を満たさない日本がアメリカから軍事援助を受けるための苦肉の策として、日本側が提示したものであるが、事態はすでに抜き差しならなくなっていた。まず、ダレスは吉田の「五万人の自衛軍《じえいぐん》」の創設案を忘れず、実行を迫った。またジョセフ＝ドッジは、一九五二(昭和二十七)年二月一日、米政府に覚書「条約後の時期における日米経済協力▲」を提出し、そのなかで、朝鮮特需《とくじゅ》も停戦とともに収束が避けられなくなった今、日本経済が生き延びる道は、特需で育成された軍事産業をさらに発展させるほかに決め手はないとした。日本では経済安定本部長官の周東英雄《すどうひでお》▲が二月十一日付の報告書「活力ある経済の確立と経済協力の推進▲」で同様の主旨を繰り返した。

これらを受けて、アメリカ政府は国家安全保障会議で「日本に対する米国の

▼**「条約後の時期における日米経済協力」**　このなかでドッジは、日本が「日本およびアジアの非共産主義地域で使用する低価格の軍需物資の大量生産」や「防衛の盾となり、米軍の兵力の再配置を可能にする日本の適切な軍事力拡充」を進めるべきであるとした。

▼**周東英雄**　一八九八〜一九八一年。一九四八年吉田内閣の農林大臣、五〇年吉田内閣の国務大臣(経済安定本部長官、賠償庁長官)となり、日本経済の復興を計画した。

▼**「活力ある経済の確立と経済協力の推進」**　「アメリカ、東南アジアその他の民主諸国との経済協力を推進・強化して、その防衛生産と経済発展に寄与」し、「自国の自衛力を漸次強化する」とした。

目標および取るべき行動方針」(NSC一二五)を討議し、日本に「防衛責任」をまっとうさせる「第一歩として日本がバランスのとれた陸上兵力一〇個師団《しだん》および適当な空軍、海軍を創設するよう援助する」とした(NSC一二五／一、七月十八日決定)。

また日本再軍備論は、自由党内では追放を解除され吉田と激しく対立していた鳩山《はとやま》一郎▲や、民主党の重光葵《しげみつまもる》らから強く主張され、大幅な軍備増強と憲法改正を求める主張がなされていた。元A級戦犯岸信介《せんぱんきしのぶすけ》が一九五二年四月に結成した日本再建連盟も、改憲《かいけん》と再軍備こそ「愛国心」の核心だとする宣伝を開始した。

このような状況に押され、吉田内閣は「再軍備」の対米公約を実行することに着手した。その第一歩は警察予備隊《けいさつよびたい》の保安隊《ほあんたい》への再編成であった。吉田は三月六日、参議院予算委員会で「自衛のための戦力は合憲」と答弁し、四月二十六日には、海上自衛隊の前身となる海上警備隊《かいじょうけいびたい》を発足させた。四月二十八日、安保条約・行政協定が発効すると、連休明けの五月十日、保安庁法案を国会に上程した。同法案は七月三十一日に可決された。保安庁法は即日公布され、八月一日、保安庁が設置された。その任務は「わが国の平和と秩序を維持し、人命

▼**鳩山一郎**　一八八三〜一九五九年。戦前から政友会《せいゆうかい》に属し、犬養毅《いぬかいつよし》・斎藤実《まこと》両内閣で文相、「滝川事件」を起こした。一九四五年、日本自由党を結成し総裁となった。翌年四月の総選挙で第一党となり、組閣を始めていたところで公職《こうしょく》追放《ついほう》となり、吉田茂に首相の座を奪われた。一九五四年分派自由党を率いて改進党を合併し日本民主党を結成、総裁となり、同年十二月吉田茂の退陣後、鳩山内閣を樹立した。一九五五年総選挙で第一党となったが、過半数にいたらず、同年十一月、自由党と保守合同を行い、自由民主党を組織、初代総裁となった。一九五六年、日ソ共同宣言に署名しソ連と国交を回復、かつ国連に加盟した。

および財産を保護するため特別の必要がある場合において行動する」とされた。

保安庁は総理府の外局とされ、長官には国務大臣があてられ、官房および内局(保安局・人事局・経理局・装備局)、部隊を統括する第一幕僚部(陸上)および第二幕僚部(海上)、付属機関(保安研修所・保安大学校・技術研究所)から構成された。初代長官は吉田首相が兼任したが、第二代長官は前法務大臣で国内の治安維持対策に積極的であった木村篤太郎《きむらあつたろう》▲が任命された。次長には増原恵吉《ますはらけいきち》警察予備隊本部長官が任じられた。部隊は、大部分の警察予備隊員の任期が満了する十月十四日を待ち、十五日から発足した。第一幕僚長には林敬三《けいぞう》があてられ、地上軍部隊の定員は一一万人にふやされた。海上部隊を統括する第二幕僚長には山崎小五郎《やまざきこごろう》▲が任命され、部隊定員は七五九〇人とされた。

保安隊が発足した十月十五日、第一幕僚長林敬三は幹部に対し、「われわれはこの保安隊への新発足を将来への本格的建設の第一歩として、団結協力、堅実なる歩みを励まんことを心に誓おうではないか」と述べたが、これははからずも保安隊の創設が本格的再軍備への幕開けであることを示していた。

米軍の特需が終ることは明らかで、そのためとくに財界は、特需終了後も、

▼**木村篤太郎**　一八八六～一九八二年。一九四六年検事総長、第一次・第三次吉田内閣の法務大臣、第三次吉田内閣の国務相＝保安庁長官に任じられる。タカ派として知られ、日本剣道連合会会長もかねた。

▼**山崎小五郎**　東大卒。一九五二年四月、海上警備隊総監となり、八月警備隊に改編されるとともに保安庁へ転籍、第二幕僚長に就任した。一九五四年七月、自衛隊の発足とともに海上幕僚長になった。

アメリカからの軍事援助によって日本の急速な再軍備をうながし、それにより兵器生産を拡大し、経済成長を持続させようとはかるようになった。

保安庁が発足した直後の八月十三日、経済団体連合会はそのなかに防衛生産委員会を設置し、ただちに「防衛力整備に関する一試案」の作成に取りかかった。この試案は翌一九五三(昭和二十八)年二月に完成したが、それは五三年度から五八(同三十三)年度までの六年間に陸上兵力を一五個師団・三〇万人、海上兵力を艦艇二九万トン・七万人、航空兵力を三七五〇機・一三万人に増強することを想定したもので、関係者はこれを「三・三・三方式▲」と略称した。そのために要する経費は毎年平均四八〇〇億円、総計二兆九〇〇〇億円になるという見通しになり、たとえば一九五三年度の政府歳出一兆一七一億円の四七%にのぼることから明らかなように、日本の経済力では手におえない額となった。そこでアメリカからこの経費の半分弱の一兆二七〇〇億円(約三五億ドル)の援助を受け、そのうち一五億ドルは現物供与で、二〇億ドルを資金援助で受け取りたいとしたのである。

▼三・三・三方式　地上軍三〇万人、海軍三〇万トン、空軍三〇〇〇機を、防衛力増強のめやすとするという考え方。

池田・ロバートソン会談

一九五二（昭和二十七）年十一月、アメリカでは、朝鮮戦争の停戦を公約して立候補した共和党のドワイト＝アイゼンハワーが大統領選挙で勝利した。これはアメリカ国民が、朝鮮戦争の停戦を強く求めるようになっていたことを物語るものである。

アメリカでは朝鮮戦争の開始以後、軍事予算が激増した。そのため一九五一（昭和二十六）年会計年度にインフレ率が七・九％にのぼり、五三（同二十八）年会計年度には連邦財政赤字が六五億ドルに達した。この戦争に動員された人員は、地上軍だけで二八三万四〇〇〇人にのぼり、合計約一〇万人が死傷者となった。

一九五三年一月に就任したアイゼンハワー大統領は、より早く朝鮮戦争を停戦に持ち込み、軍事費を削減しながらアメリカの軍事的強化をはかる政策をとった。そのため国務長官にジョン＝F・ダレスを任命し、「ニュールック戦略」を進めた。その中心には、ダレスの持論である「大量報復」戦略がおかれた。これは、共産主義者が勢力を強めつつあるという判断に立ち、この勢力に対する「巻き返し」のために、「侵略」（おもに革命をさす）がなされた場合には、核兵器

▼ドワイト＝D・アイゼンハワー　一八九〇〜一九六九年。第二次世界大戦中、陸軍参謀本部作戦部長、ヨーロッパ連合軍最高司令官を歴任し、ノルマンディー上陸作戦を指揮、戦後は陸軍参謀長となった。一九五二年の大統領選挙で当選、翌五三年第三十四代大統領に就任した。ダレスを国務長官とし、朝鮮戦争の休戦を実現し、南ベトナムに親米政権をつくり、日米新安保条約を締結した。

▼ジョン＝F・ダレス　五一ページ頭注参照。

をはじめとする大量破壊兵器による報復を行うことをためらわないというものである。そのため、米軍のおもな軍事力を核兵力に集中し、地上軍を縮小して軍事費の削減をはかり、同盟国におかれた米軍基地を整理し、現地軍の軍備を増強して米側陣営の軍事的脅迫力を総合的に強化しようとした。現地軍の軍備の強化にはＭＳＡ▲(相互安全保障法)による援助物資と資金が利用された。

ダレスは同年五月五日、アメリカ上下院合同の外交委員会で、日本の治安と国土防衛のための武器に要する費用をＭＳＡ援助として計上していることを明らかにした。これは、朝鮮戦争の停戦が近いことを見越し、そのために準備されていた軍事予算と兵器・軍需物資を同盟国に分けあたえて、それらの国の軍事的強化をはかろうとする動きの一環であった。

予告なしになされたこの証言に日本政府は驚き、アメリカ大使館に質問状をだしてこの援助の内容について質した。それは、援助により日本の経済力の破綻を招くような軍備増強を迫られるのではないか、また対外攻撃のための軍備をあたえられ、国内では憲法違反を追及する世論を強め、近隣諸国からは日本軍国主義の復活という非難を受けるのではないかと危惧したからである。六月

▼ＭＳＡ　一般には一九五一年十月、米国で制定された相互安全保障法(Mutual Security Act)に基づく米国からの軍事援助をさす。日米間では一九五四年三月八日、岡崎勝男外相とアリソン駐日大使のあいだで「相互防衛援助協定」「農産物購入協定」などがＭＳＡを根拠として結ばれたため、こう呼ばれる。米国の提供する余剰農産物を日本で販売し、代金を援助資金にした。

二十六日、アメリカ大使館はこれに回答書を提出した。それを受けて日本政府は、(1)ＭＳＡ援助を受けても自衛力漸増の方針を維持することが可能であり、(2)アメリカには日本に海外派兵を強制する意図はないと判断し、六月三十日、アメリカ側にＭＳＡ援助の交渉に応ずることを申し入れた。

しかし、朝鮮戦争の休戦協定が成立した直後の八月八日、訪日して吉田首相と会談したダレスは、帰国後の九月三日、保安隊の発足程度の軍備増強には満足しない旨の発言▲を行った。これに対して吉田は野党改進党《かいしんとう》総裁重光葵と内密に会談し、「国力に応じた長期の防衛計画を進めて米駐留軍の漸減に対処し、そのため保安隊を自衛隊に改組し、その任務に直接侵略に対する防衛を加える」という密約を交わし、それをもとに、援助内容の調整を行うため、池田勇人▲元蔵相を団長とし、愛知揆一《あいちきいち》・鈴木源吾《げんご》・渡辺武《わたなべたけし》・宮沢喜一《みやざわきいち》らを加えた使節団をアメリカに派遣した。この代表団のおもな交渉相手がウォルター＝ロバートソン▲国務次官補であったため、以後、会談は「池田・ロバートソン会談」と呼ばれた。

会談は十月二日から三十日までの長期にわたり、極秘裏に進められた。アメ

▼**ダレスの発言**　「八五〇〇万人の人口をもつ日本は、日本自身の安全保障のためにさらに多くの努力をなすべきものと考える」。

▼**池田勇人**　一八九九〜一九六五年。大蔵事務次官をへて一九四九年代議士に当選。吉田内閣の蔵相となり、ドッジ公使のもとでインフレを克服。一九五六年自民党の結成後、石橋湛山総裁・内閣を実現させ蔵相となる。岸首相の警職法案に怒って大臣を辞したが、新安保条約を支持して通産相に復帰。岸辞任後の一九六〇年七月、自民党総理に指名されて内閣を組織、「国民所得倍増計画」を掲げ十一月の総選挙で圧勝した。一九六四年十月喉頭ガンで辞任。

▼**ウォルター＝S・ロバートソン**　一八九三〜一九七〇年。アメリカの国務次官補。

リカ側は十二日の会議で、ＭＳＡ援助によって増強されるべき日本の軍事力を、地上軍だけでも一〇個師団、三二万五〇〇〇〜三五万人とすることを要求した。これに対して日本側は、このような大規模な軍備の増強は次の四つの制約▲のために受け入れることができないと主張した。すなわち、⑴法律的制約、⑵政治的・社会的制約、⑶経済的制約、⑷実際的制約、が強く、軍備強化をはかっても、一八万人が限度であると主張した。

アメリカ側は、日本はソ連の「侵略」の「最ものぞましい目的物」であり、五〇万のソ連・中国合同部隊が「電撃攻撃をもって日本に攻め込むだろう」と説明し、対日ＭＳＡ援助はこれを抑止する緊急な対策であると強調した。さらに、この援助について議会で承認をえるためにも、日本が防衛費を一九五四(昭和二十九)年度に二〇〇〇億円に増額し、また保安隊の地上軍を五三年度中に一二万四〇〇〇人に増強し、五四年度中に一八万人とするという線で当面は妥協することとし、最終的には三三万人への増強をめざすべきだとした。池田使節団は、アメリカ側が対日要求を引き下げたのでそれを受け入れ、妥結への「条件」として「日本政府は広報と教育により愛国心の育成をはかり、自衛力増強の制約を

▼**日本側の四つの制約**　⑴法律的制約＝憲法第九条はきわめて明確で、しかもその改正はきわめてむずかしい。⑵政治的・社会的制約＝占領軍によって行われた平和教育が徹底している。⑶経済的制約＝アメリカ側は日本の防衛費が国民所得に比して低すぎるというが、旧軍人と遺族への保護は防衛努力にさきだって行われるべきであり、これには大きな費用を必要としている。⑷実際的制約＝保安隊の大増員計画を立てても適当な人間が集まらない。徴兵制は憲法が明白に禁止しているので問題にならない。

取り除く努力をする」という秘密の覚書を手渡した。これはまもなく『朝日新聞』によってスクープされ、日本国民のあいだに「軍国主義復活」がはかられつつあるという疑惑と危機感を呼び起こし、世論の反発を招いた。会談は、十月三十日、合意事項を共同声明として発表して閉幕した。

ここでアメリカ側から提示された緊急の軍備増強は、保安隊を自衛隊に改組するにあたり、陸上自衛隊の定員を保安隊より二万人増の一三万人にし、また保安庁に航空兵力をもつための研究が開始され、一九五四年一月、航空準備室が発足したことや、予算面では、五四年度には歳出が軍事費一五四七億円、年金および恩給費一〇〇三億円と急増し、これらを合計すれば優に二五〇〇億円を超す額に達したことにより、とりあえず充足された。これらが確定された直後の一九五四年三月八日、MSA交渉は一挙に妥結した。

MSA協定は、四つの協定からなっていた。すなわち、(1)日米相互防衛援助協定、(2)農産物購入協定▲、(3)経済的措置協定、(4)投資保証協定である。この中心は(1)の日米相互防衛援助協定であり、その要点は、(i)日本はこの援助の受入れにあたって、MSA法に定められた諸原則(とくにヴァンデンバーグ決議)を受

▼**農産物購入協定**　アメリカ政府が軍需物資や援助物資として買い上げ、備蓄していた、いわゆる「余剰農産物」を日本に供与し、日本ではこれを国民に販売して、その販売代金を援助資金とするというもの。

諾すること、(ii)アメリカは装備、資材、その他の援助を提供し、日本はこの援助を効果的に使用するとともに、アメリカとの事前の同意なしに他に転用しないこと、(iii)援助にともなう秘密保全の措置をとること、(iv)共産圏との貿易については、アメリカの統制に協力すること、(v)アメリカ駐日大使の監督下に米軍事顧問団を設けること、である。このうち(iii)は、アメリカから提供された装備品と情報の秘密を守ることを求めるものであり、そのため「日米相互防衛援助協定等に伴う秘密保護法」が国会に上程され、六月九日、防衛庁設置法・自衛隊法(「防衛二法」)とともに公布され、七月一日、施行された。

防衛庁と自衛隊の発足

防衛庁は保安庁を改組し、「陸上自衛隊、海上自衛隊および航空自衛隊を管理し、および運営し、ならびにこれに関する事務を行う」ことが任務とされた。最高指揮者は内閣総理大臣があたり、防衛庁長官には国務大臣があてられた。

自衛隊は陸上自衛隊・海上自衛隊・航空自衛隊の三自衛隊からなり、その任務は「直接侵略及び間接侵略に対して、わが国を防衛することを主たる任務とし、必要に応じ公共の秩序の維持に当る」(自衛隊法第三条)とされた。

陸上自衛隊は六個管区隊(各一万二七〇〇人)と四個混成団(各六一〇〇人)から編成され、そのうち第一管区隊は首都防衛のために東京都練馬《ねりま》区に、二個管区隊と一個混成団はソ連と接する北海道に配備され、狙撃銃・カービン銃・戦車・戦車砲・迫撃砲、のちには地対空ミサイルなどで武装された。

海上自衛隊は護衛艦・掃海艦・掃海艇・潜水艦・駆潜艇・敷設艦など二一〇隻・一五万七〇〇〇トンで、将校クラスはほとんど旧海軍将校によって占められ、兵員は一九六〇年代初頭には計三万四〇〇〇人に増強された。第二代海上幕僚長には、一九五四(昭和二十九)年八月から元海軍大佐の長沢浩《ながさわひろし》▲海将が就任し、五八(同三十三)年までとどまった。

航空自衛隊は保安隊内におかれた「航空準備室」で当初六八〇〇人の要員を確保することが予定され、保安隊・警備隊からおもに旧軍の尉官《いかん》以下の航空関係者から転官が要請され、約三七〇〇人が応じた。他は幹部・士(一般隊員)とともに逐次公募によって募集された。航空自衛隊は独立▲にF86D全天候戦闘機・F86F昼間戦闘機・RF86F偵察機・T33ジェット練習機・C46輸送機など五一

▼長沢浩　旧日本海軍大佐。一九五二年に内閣直属の委員会であるいわゆるY委員会(柳沢《やなぎさわ》海上保安庁長官と山本元海軍少将が交互に議長をしたのでこう通称された)に参加し、将来の海上防衛力について検討、五四年七月、海上自衛隊が発足すると、海将かつ海上幕僚長となった。

▼航空自衛隊の独立　旧日本軍では航空兵力は陸軍・海軍それぞれに所属し、軍用航空機の全生産分を折半することになっていた。そのため独立の空軍がなく、弱点が多かった。自衛隊の創設の際、在日米軍司令官ワインランドが航空自衛隊という独立した組織を樹立するよう指示し、独立が実現したとされる。米軍でも空軍が独立し空軍参謀本部ができるのは、第二次世界大戦後である。

八機で発足した。自衛隊の権限は、自衛隊法により、⑴防衛出動、⑵治安出動、⑶海上警備行動、⑷災害出動、⑸領空侵犯に対する措置の五つとされた。

またMSA援助協定には、在日軍事顧問団(MAAG・J)の設置、任務、待遇、特権などが規定され、当初八四〇人が派遣され、日本に供与された装備・資材・役務などが適正に実施されるよう監督・指導する役割を果たした。

自衛隊の発足とともに、在日米軍は陸軍を中心に急速に撤退を進めた。一九五四年末の兵力は二一万人であったが、五七(昭和三十二)年末には陸軍の戦闘部隊はすべて撤退し、管理補給部隊を残すのみとなり、陸軍は一万七〇〇〇人、海軍・空軍を含め七万七〇〇〇人と約三分の一に縮小され、安保条約改定の前年の五九(同三十四)年末の陸軍は六〇〇〇人にまで削減され、合計では五万六〇〇〇人となった。

④—経済高度成長政策と岸内閣

インドシナ戦争の終結とロストウ路線

アイゼンハワー政権は、一九五三年七月二十七日、朝鮮戦争の休戦協定▲に調印した。また一九五〇年三月から膨大な軍事援助をあたえていたインドシナのフランス軍がベトナムのホーチミン軍に完敗し、五四年七月二十日、ジュネーヴ停戦協定▲に調印し、それに従い撤兵したが、アメリカはそれを黙視するほかなかった。ダレス国務長官は、停戦協定が結ばれる少し前、朝鮮戦争に派兵した国々にインドシナ戦争▲への出兵を要請し、フランス軍を助けようと企てたが、これを支持したのは韓国とオーストラリアだけで、イギリスをはじめフィリピン・タイまでもがこれを断わり、そのうえ、アメリカ議会の指導的メンバーはもとより、陸軍参謀長リッジウェー▲までがこれに反対した。ダレスの「大量報復」戦略だけでは、アメリカが威信を保持し続けられないことが示されたのである。

アメリカ政府はこの状況に対応するために、まず核兵器を中心とする軍事戦

▼**休戦協定**　一九五三年七月二十七日、国連軍・韓国軍と朝鮮人民軍・中国人民義勇軍との妥協がなり、休戦協定が調印された。

▼**ジュネーヴ停戦協定**　一九五四年七月二十日、仏・ベトナム国・ベトナム民主共和国・カンボジア・ラオス・英・ソ・中(北京《ペキン》)代表が調印したインドシナ停戦協定。米は調印せず。

▼**インドシナ戦争**　一九四六年フランスが、独立を宣言したベトナムの再植民地化のため戦争を開始、これにベトナム人民軍が猛烈な抵抗戦争を行い、戦線がラオス・カンボジアにまで拡大され、インドシナ戦争となった。

▼**マシュー＝B・リッジウェー**　四九ページ頭注参照。

▼**砂川事件**　米軍基地・立川飛行場の滑走路を大拡張するため砂川町の土地まで接収を進め、民衆

略の強化をはかった。一九五四年三月一日に南太平洋のビキニ環礁《かんしょう》で世界中の反対世論を押し切って強行された水爆実験は、これを象徴するものであった。これは米ソの核軍拡競争を加速し、大陸間弾道弾をはじめとするミサイル開発競争を引き起こした。また米軍はB29を超す超大型爆撃機B36を配備し、これに対応して各地の空軍基地の拡張、とくに滑走路を三千数百メートルに延長する工事を強引に実施した。日本本土では、立川《たちかわ》基地の延長工事が強行され、これに反対する人びとと機動隊とが衝突した「砂川《すながわ》事件▲」が起こされ、沖縄では嘉《か》手納《でな》基地をはじめ沖縄本島全域の基地を拡張することを内容とする「プライス勧告▲」がだされ、これに反対して「島ぐるみ闘争▲」が起こるなど、全国で米軍基地反対運動が引き起こされる。

　今一つは、低開発国に対して経済援助を行って近代化を加速し、共産主義者の支持基盤を失わせようとする政策を体系化し、政治戦略の一つとして活用する路線が導入されたことである。これはハロルド＝スタッセン▲が一九五三年に提唱したもので、ようやく五四年になって支持者が政府官僚のなかにふえ、その一人チャールズ＝D・ジャクソン▲が大統領補佐官になったのを機に、インド

が激しく抵抗した事件。一〇〇〇人以上が負傷。

▼プライス勧告　一九五六年六月、M・プライスを議長とする米上院軍事委員会がだした報告書。沖縄軍用地に対し地代の一括払い、土地の新規大接収を要求した。

▼島ぐるみ闘争　一九五六年六月十四日、琉球《りゅうきゅう》立法院、行政府、市町村長会、軍用土地連合会が「プライス勧告反対、領土権死守」を決議し、沖縄住民あげての闘争になり、十一月まで続き、勧告を撤回させた。

▼ハロルド＝E・スタッセン　一九〇七〜二〇〇一年。一九四五年国連米代表。一九五五年軍縮に関する大統領特別補佐官となり、ダレス国務長官と衝突し辞任。

▼チャールズ＝D・ジャクソン　一九〇二〜六四年。一九五三〜五四年、大統領特別補佐官（外交問題担当）。

シナ問題で窮地に立っていたダレスに覚書を送り、発展途上国への援助を政策として進めるようううながした。ダレスはこれに強い関心を示し、それを体系化するよう求めたので、ジャクソンはマックス＝ミリカンとウォルト＝ロストウにこの路線を体系的な政治戦略に仕上げるよう依頼した。またジャクソンらは、この路線の同調者を政府の要職に就けるようつとめた。その一人、ダレスの弟のアレン＝ダレスはＣＩＡ長官に、ネルソン＝ロックフェラーは大統領補佐官に、提唱者のスタッセンはＦＯＡ（対外活動局）長官となった。

この提言を取り入れた政策は、一九五四年八月、国家安全保障会議にＮＳＣ五四二九「極東《きょくとう》における合衆国の政策の再検討」として上程され、ジュネーヴ停戦協定後のアメリカのアジア政策として検討が始められた。この要旨は、同停戦協定でフランス軍の敗北を世界に認めさせたインドシナの共産主義者が、アジア諸国で戦争に頼ることなく政治的威信と共産主義の影響力を拡大し続けており、これによって彼らは、アメリカが「過激な帝国主義」を推進していると宣伝し、アジアの国々をアメリカから離反させ、共産主義に同調させつつある、この対抗策として、日本とフィリピンの軍事力を強化し、「日本の経済、国内

▼**インドシナ問題**　ダレス国務長官はフランス軍がベトナム人民軍に敗北することに我慢できず、同盟国に派兵を求め、フランスに援軍を送ることを計画したが失敗、またジュネーヴ協定後、東南アジア条約機構（ＳＥＡＴＯ）を反共軍事同盟にする計画を示したが、関係国の反対で情報交換機構にとどまった。

▼**マックス＝Ｆ・ミリカン**　一九一三〜六九年。一九五三〜六九年、マサチューセッツ工科大学国際問題研究センター長。

▼**ウォルト＝Ｗ・ロストウ**　一九一六〜二〇〇三年。経済学者、政治家。発展途上国開発理論を創始し、『経済成長の諸段階』（一九六〇年）に概括した。ケネディー大統領に重用され、南ベトナムのゲリラ鎮圧政策に関与し、ジョンソン政権時代には特別補佐官としてベトナム戦争の拡大を進言し、のち失脚した。

の政治的安定および自由主義諸国との結びつき」を強めさせ、「政治の安定と経済の健全化」のための技術援助を行うことが必要である、というものである。

　ロストウらの研究成果もまとまり始め、そこではアジア開発のセンターとして日本の役割がとくに重要であることが強調された。その理由は、日本がかつて発達した工業国・貿易国・海外投資国としての経営的能力をもっていた国だからである。しかし、これを活用するには人口増加率の引下げ、不足している食糧・工業原料問題を解決すること、東南アジア諸国が市場となるよう経済開発を進めることが必要である、この対策として、アメリカの技術援助と投資を積極化して東南アジア諸国の開発を進め、日本の重工業の発展を加速し、東南アジアへの工業設備の輸出国に変え、アジア諸国が日本に食糧と工業原料を供給できる余裕をつくる必要がある、とした（ロストウ・ハッチ共著『アジアにおけるアメリカの政策』）。

　このように、アジアの低開発国・発展途上国に「近代化」への「離陸」（Take Off）を起こさせ、共産主義者の社会的基盤となっていた伝統的社会を解体し、政権を穏健な社会開発をめざす勢力の手に握らせるという政策が、アメリカの

▼アレン＝W・ダレス　一八九三〜一九六九年。ジョン＝F・ダレスの弟。一九五一〜五三年、CIA副長官、五三〜六一年、同長官となり、アメリカの諜報《ちょうほう》機関の総指揮者となった。

▼ネルソン＝A・ロックフェラー　一九〇八〜七九年。一九五五〜五六年、大統領外交問題担当特別補佐官。

▼ジュネーヴ停戦協定　八〇ページ頭注参照。

政治戦略に付け加えられた。この政治戦略を、私は「ロストウ路線」と呼ぶ。

　この政策は、すばやく日本で実施され始めた。一九五四(昭和二十九)年六月、アメリカ大使館開発調達班長ハロルドソン▲の示唆を受けて、経団連・日経連・日商・経済同友会の経済四団体が「日本生産性協議会」を結成したが、同年半ば、対外活動局(ＦＯＡ)産業技術援助課長ハーランが来日し、生産性向上のための公的機関が組織されれば、アメリカは援助を提供する用意があることを伝えた。それを機会に同年九月、協議会代表、政府の通産・外務・労働各省代表、アメリカ大使館代表が集まり、半官半民の「日本生産性本部」を設立することを決めた。これをもとに援助受入れ協定(設立資金の半額を援助)、政府の助成(日本側資金の半額を支出)、本部と政府との連絡機関、日本生産性連絡会議の結成などがなされ、翌年二月、スタッセン▲を迎えて日本生産性本部が正式に発足した。

　日本の重工業技術は、朝鮮戦争の特需《とくじゅ》に応ずるためにアメリカから大規模な技術援助を受け、たとえばストリップミルなど、高い品質をもつ製品の大量生産の態勢を整えていた。「日本生産性本部」は、さらに生産性を高めて輸出競争力の拡大をめざすものであった。そのため、産業別にアメリカをはじめ先進国

▼ハロルドソン　アメリカの外交官。マーシャル援助計画にともない、ヨーロッパで生産性向上運動を推進。日本でも実施をはかり、経済同友会に接触、推進の契機をつかんだ。

▼ハロルド＝E・スタッセン
八一ページ頭注参照。

への視察団を数多く派遣した。最初に派遣されたのは「鉄鋼生産性使節団」で、日本鉄鋼連盟に加盟する代表的な鉄鋼企業の経営管理者・労務担当管理者・労働組合幹部など一一人からなるものであった。この視察は、日本の鉄鋼業の水準がアメリカと比べて段違いに低いことを団員に思い知らせ、世界市場に生き残るには経営工学の急速な導入が欠かせないことを痛感させた。これを契機に、工場のレイアウト・生産ラインなどの無駄をなくし、品質管理と労働生産性を高めるための努力が強められ、アメリカが日本に期待した重工業設備や各種自動車・化学工業設備などをアジア各国に輸出する能力を身につけたのである。

日本のこのような工業力で東南アジア諸国の「近代化」を促進しようとする政策は、まず賠償の実施を契機に始められた。一九五五(昭和三十)年四月、「日本国とビルマ連邦との賠償および経済協力に関する協定」が発効し、総額二億ドル(七二〇億円)を一〇年間にわたり、年二〇〇〇万ドルずつを支払い、経済協力費五〇〇〇万ドルを一〇年間五〇〇万ドルずつ提供することになった。ビルマ連邦は、対日賠償を独立後の経済建設に利用しようとし、戦争による「損害賠償」とともに、「経済の発展並びに社会福祉の増進に寄与する」ために「役務賠償」および「実物賠償」を求めるという方式をとることになった。この「賠償」のなかでパワーシャベル・鉄道信号装置・碍子《がいし》、水力発電所建設のための資材・設計・工事監督などが提供された。またこの方式は、フィリピン・インドネシアなどとの賠償交渉のモデルとなった。

フィリピンへの賠償は一九五六（昭和三十一）年五月に五億五〇〇〇万ドルで最終的に合意されたが、賠償として求める品目として機械・資材・消費財など一〇〇〇項目があげられるという「積み上げ方式」により、最初の一〇年間で二億五〇〇〇万ドル分を、次の一〇年間で三億ドル分を支払うこととなった。またこれとならんで、二億五〇〇〇万ドルの経済借款《しゃっかん》協定も締結された。

インドネシアへの賠償は一九五八（昭和三十三）年一月、二億二三〇八万ドル（日本への貿易債務の放棄額を加えると四億ドル）、支払い期間一二年で、役務および生産物賠償方式で調印された。これらは東南アジアへの日本の市場開発や資本進出の機会ともなり、同時にアメリカのめざす経済「近代化」の重要なステップともなった。

ビキニ水爆実験被爆と原水禁運動

アイゼンハワー政権は、その軍事戦略の中心にすえられた核兵力を飛躍的に強化するために、一九五四年三月一日、マーシャル群島付近のビキニ環礁で大規模な水爆実験を行った。このとき実験に使用された水素爆弾「ブラボー」は、原爆を中核において起爆剤とし、これを爆発させて超高温状態をつくり、周囲に配置された重水素化リチウムに核融合を起こさせ、さらにその外面をつつんだ大量の天然ウランに核分裂を起こさせるという特別な構造をもっていた。その結果、想像を絶する大規模な爆発が起こっただけでなく、予想をはるかに超える大量の「死の灰」(ウラン二三七を大量に含む)を撒き散らすことになった。この実験にさきだってアメリカはビキニ環礁付近に広い危険区域を設定し、漁船などの立入りを禁止したが、この区域をはずれた海域で日本のマグロ漁船第五福竜丸《ふくりゅうまる》▲が水爆実験の情報を受けないまま操業していた。

現地時間午前六時四十五分、乗組員は水平線上に強烈な光を放つキノコ雲状のものをみた。それが消えると、海鳴りのような爆発音が轟《とどろ》き、それから約二時間あまりのち、白い粉が雨にまじってみぞれのように降り、やがて粉だけが

▼**第五福竜丸**　一九四七年、第七事代丸《ことしろまる》として建造された木造漁船で公称九九・〇九トン(実際は一四〇トン)。一九四三年製ディーゼルエンジンを搭載。五年間カツオ漁船として活躍、五三年改装され、焼津の西川角市《にしかわかくいち》に買い取られ、この名称に変わり、マグロ漁船となる。被爆した航海は、一九五四年一月出航したもの。一九五六年五月、文部省に買い取られ、改装されて東京水産大学練習船「はやぶさ丸」となる。一九六七年廃船となり、船体は東京・夢の島に展示されている。一九六九年七月、第五福竜丸保存会発足。

邦人漁夫、ビキニ原爆実験に遭遇
23名が原子病
一名は東大で重症と診断
水爆か
"死の灰"つけ遊び回る
焼け

●――『読売新聞』(一九五四年三月十六日付)の記事

降りそそぎ、目・鼻・口・体内に容赦なく入り込んだ。無線長久保山愛吉《くぼやまあいきち》は、米軍の危険区域に近いこともあり、「スパイをした」として撃沈されることを恐れ、無線を封鎖し、船は操業をおえて母港焼津《やいづ》に向かった。乗組員たちは灰をかぶったその日から体に異常が出始め、のちに「急性放射能症」と診断される。

第五福竜丸は三月十四日早朝、焼津に帰港したが、乗組員の身体はもとより、船の灰をあびた部分および水揚げしたマグロから強烈な放射能が検出され、放射能被爆であることは疑いの余地がなくなった。『読売新聞』の焼津通信員が、この事実を聞いて東京本社に記事を送り、本社で夜勤中の村尾《むらお》記者が社会部次長の指示を受けて、東大附属病院に入院中の乗組員増田三次郎《ますださんじろう》を夜更けにさがしだし、面会したが、その顔を見てショックを受け、福竜丸のあびた灰を「死の灰」と名づけ、増田が重度の放射能症におかされているとの記事を書き上げた。これが翌十六日の『読売新聞』朝刊のトップ記事となり、世界に衝撃を走らせた。

米軍は「死の灰」がソ連に渡るのを恐れ、「第五福竜丸を横須賀のアメリカ軍基地に曳航して処分したい」と申し入れ、安藤正純《あんどうまさずみ》▲国務大臣も「沈没させるか、

▼**安藤正純**　一八七六〜一九五五年。一九二〇年以来衆議院議員で二四年政友会員。戦後、鳩山一郎らと日本自由党の再建に参加、一九五三年国務相、鳩山の自由党への復党につくし失敗。一九五四年民主党結成に参加、鳩山内閣の文相、「道徳《どうとく》教育」を強調。

●第五福竜丸

▼放射能雨　放射性物質を含んだ雨のことで、ビキニ環礁での水爆実験ののち、四月からこれが日本本土で観測され始め、とくに同年五月十七日に降った雨では、京都で一リットル当り八万八〇〇〇カウント、大阪では三万四〇〇〇カウントに達した。その後、ソ連の核実験による放射能雨も降った。

焼却ないし埋没」させるべきだと発言したが、広島・長崎の被爆者を診察・治療した経験をもつ東大教授陣が中心になり、福竜丸を「貴重な研究材料」として「日本政府が買い上げ、研究に役立てるべきだ」と主張して、保存されることになった。また乗組員二三人は、東大附属病院と国立東京第一病院に入院して治療を受けることになった。このなかで乗組員は、強烈な放射線をだす「死の灰」と長時間同居させられていたため、これまでに例のない「放射線症」を発症していたことが明らかになった。とくに骨髄の造血機能がはなはだしくおかされ、白血球・赤血球・血小板が異常に減少し、歯茎、皮下、腸・腎臓などの内臓からの出血が認められるようになった。そのため感染症に罹《かか》りやすくなり、大量の抗生物質の投与と、輸血や乾燥血漿《けっしょう》の投与が繰り返された。九月二十三日、入院当初は患者のリーダーとして同僚の面倒をみていた久保山愛吉が死亡した。

四月にはいると放射能雨▲が降り始めた。とくに五月十七日に降った雨の放射能が強く、原爆症調査研究協議会は二十五日、「雨水の常用は危険である」という声明を発表した。汚染は全国に広がり、あらゆる農産物におよんだ。

第五福竜丸以後もマグロ漁船が持ち帰ったマグロから、強度の放射能が検知され、太平洋が広範に汚染されていることが明らかになり、「原爆マグロ▲」として恐れられ、パニックを引き起こした。

核実験が日常生活をおびやかしつつあるという切実な体験が広がるにつれて、核実験の禁止と原水爆禁止を求める世論が日本全国に沸き起こった。三月二十二日には「わだつみ会▲」が核兵器の実験・使用の禁止を求める署名運動を開始した。三月二十七日には焼津市議会が原水爆禁止を決議し、外務省を通じて国連に提出した。四月一日には原子兵器禁止北海道協議会が署名運動を始めた。五月九日、東京都杉並《すぎなみ》区で安井《やすい》郁《かおる》▲を中心とする読書勉強会のグループ「杉の子会」が原水爆禁止署名推進協議会をつくり、「杉並アピール▲」を発表し、五月二十日から署名運動を開始、人口三九万人のうち二八万五〇〇〇人の署名を集めた。これは草の根の署名運動に火をつけ、地域住民団体・婦人団体・青年学生団体・宗教団体・教職員組織・文化団体・労働組合・平和団体につぎつぎと担われるようになったが、八月八日、これらを包括する組織として「原水爆禁止署名全国協議会▲」が結成された。この会が一九五五(昭和三十)年一月に集計した署名数は二二〇七万人を超え、原水爆実験と使用の禁止が国民の強い要求であ

▼原爆マグロ　第五福竜丸以後も太平洋で漁獲したマグロに高度の放射能が検出された。これら放射能に汚染されたマグロの呼称。一漁船は五〇トン余のマグロを漁獲したが、破棄を命じられ、三日三晩かけて公海にすてた。マグロの価格も一九五四年三月末に三〜五割暴落した。厚生省衛生局は、危険水域で操業した船は焼津など五港に入港し、マグロなどの放射能の検査を受けることを義務づけた。

▼わだつみ会　日本戦没学生記念会の通称。一九四九年、戦没学生遺稿集『きけ　わだつみのこえ』の刊行を受け、五〇年四月、長谷《はせ》川《がわ》興蔵《こうぞう》、岡田《おかだ》裕之《ひろゆき》らにより結成。機関紙『わだつみ』の読者を中心に学生平和運動団体となった。

▼安井郁　一九〇七〜八〇年。国際政治学者、平和運動家。一九五四年のビキニ被爆事件を契機に原水爆禁止運動を組織、「杉並ア

ることが示された。同会は、原爆投下から十周年の一九五五年八月を期し、「原水爆禁止世界大会」を開催すると決議した。

第一回原水爆禁止世界大会は一九五五年八月六日から八日にかけて、広島で開催され、一四カ国・三国際団体代表を含め日本各地域代表二六〇〇人が参加した。大会までに集約された署名は三〇〇〇万人を超えた。ここで採択された「大会宣言」は、「原水爆禁止の運動とともに、相たずさえてたたかわなければなりません」と指摘し、米軍基地拡張の動きが核戦争の準備と深く関連していることを強調した。これは、反核運動と基地反対運動が結びつく契機となった。九月十九日、署名協議会と世界大会準備会は原水爆禁止日本協議会▲に統合された。

原水爆禁止世界大会は、翌一九五六(昭和三十一)年には長崎で開かれ、以後東京での国際会議、広島大会、長崎大会が開かれるというように定例化され、各地域に原水協が組織され、それらに地方自治体からの助成金がだされる場合もふえ、歌曲「原爆許すまじ」が大流行し、原水爆禁止運動は国民運動として定着した。

ピール」が全国的運動化し、五五年八月広島で第一回原水爆禁止世界大会を開催、九月結成の原水爆禁止日本協議会の初代理事長となる。

▼**杉並アピール**　「一、原水爆禁止のために全国民が署名しましょう。一、世界各国の政府と国民に訴えましょう。一、人類の生命と幸福を守りましょう」の三項目。

▼**原水爆禁止署名全国協議会**　代表世話人は有田《ありた》八郎・植村環《うえむらたまき》・大内《おおうち》兵衛《ひょうえ》・奥《おく》むめお・賀川《かがわ》豊彦《とよひこ》・湯川秀樹《ゆかわひでき》など、この時期のオピニオンリーダー。事務局長は安井郁。

▼**原水爆禁止日本協議会**　一九五五年九月十九日に結成された原水爆禁止運動の推進組織。事務総長は安井郁で、同年八月六日広島で開かれた原水爆禁止世界大会を持続的に開き、その前提となる署名運動を推進することをめざした。

●第一回原水爆禁止世界大会（一九五五年八月六日、広島市）

▼**射爆場**　接収の対象とされたのは陸地約五九五万平方メートル、海面約二九七万平方メートルであった。

この時期に大きな運動となったのは内灘《うちなだ》闘争・妙義《みょうぎ》闘争・浅間《あさま》闘争などである。日米行政協定に基づいて設置された日米合同委員会に最初に提起されたのは、一九五二(昭和二十七)年九月に決定されたもので、石川県内灘村の砂丘地を、米軍に特需で納入した日本製砲弾の性能試験をする射爆場▲として接収するというものである。九月二十日、土地の接収が石川県に正式に通達され、試射が始まると、漁獲高は減少し、村民の住宅や耕地の上を砲弾が飛び交うことに村民は強い恐怖を感じ、しかも永久使用の予定であることが明らかになるにつれて、住民の反対機運が高まった。接収が通知された翌日の九月二十一日、村議会は反対を決議し、翌月には県議会も反対の決議をあげた。四月、「内灘永久接収反対実行委員会」が結成され、現地住民と石川県評《けんぴょう》・県青年団体連合・県婦人団体連合・左右社会党・労農党《ろうのうとう》・共産党・改進党《かいしんとう》などが参加し、全県的な運動に発展した。

政府は五月一日、試射の一時中止を言明したが、六月二日には土地の継続使用と永久接収を閣議で決定した。そのため、内灘問題はたちまち全国的問題として注目されるようになった。北陸鉄道労働組合は試射関係資材・物資の輸送を拒否することを宣言し、三次にわたるストライキを決行した。日本平和委員会・日教組《にっきょうそ》が東京と金沢で軍事基地反対の大集会を開き、問題が国民全体にかかわる重要性をもつことを訴えた。現地では、「金は一代、土地は万代」のスローガンを掲げ、住民と支援者が着弾地への座込《すわりこ》みを決行した。一方、八月には愛村同志会▲など対抗組織が生まれ、九月十四日には村長が政府との妥協を表明し、座込みも打ち切られた。しかし、朝鮮戦争の休戦とともに米軍の試射は減り、一九五六年に終結、五七(昭和三十二)年には米軍が撤退して内灘射爆場は住民に返還され、問題は解決をみた。

これは、基地反対闘争のテストケースともいうべき事件であった。一九五三(昭和二十八)年四月、米軍は妙義山・浅間山に冬季山岳調練学校とその演習地を設けるため、これらの接収を申し入れた。これに対し長野県下七一団体による浅間山米軍演習地化反対期成同盟会が結成され、全県的反対運動に発展した。この結果、朝鮮戦争休戦間近の七月十七日、演習場使用取消しが決定された。

妙義山の場合は、群馬県の労働・農民・民主団体など五〇団体による妙義基地化反対共同闘争委員会が結成され、一九五五年二月二十八日、接収が解除さ

▼**愛村同志会**　内灘村の有力者で村長の支持者たちが結成した団体。

●——**内灘事件**　座込みの地元住民。

●—砂川事件(一九五六年十月十三日)

れた。

これに対して空軍基地の拡張の場合は様相が異なり、反対運動に対して政府が強硬な態度で臨んだ。一九五四(昭和二十九)年三月、アメリカは日米合同委員会で立川・横田《よこた》(東京都)、木更津《きさらづ》(千葉県)、新潟、伊丹《いたみ》(大阪府)の米空軍基地の拡張を要求した。日本政府は将来国際空港にする計画になっていた伊丹を小《こ》牧《まき》(名古屋)に変更し、一九五五年十月、「万難を排してこれら飛行場等の拡張用地の提供に応ずるべきである」という閣議決定を行った。このうち新潟では、関係者がいち早く統一した反対運動を展開して政府に断念を余儀なくさせた。横田・木更津・小牧では反対運動は起こったが、知事が賛成して地元に工作を行い、条件つきで拡張を実現した。

立川の場合は、朝鮮戦争のなかでB29の出撃基地として本土でもっとも重要な位置をあたえられており、B29の後継機とされたB36を発着させられるように、三五〇〇メートル級の滑走路を備えた基地にすることが要求された。そのため、拡張の対象地はおもに砂川町《すながわ》となり、一九五五年五月から五六年十月にかけて、現地の地主と支援者の反対運動を武装警官隊により排除しながら、強制測量が実施された。「土地に杭は打たれても心に杭は打たせない」のスローガンのもと、測量活動を阻止しようとする運動は全国からの支援者をえて進められ、強制測量は世論の激しい反発▲を受け、鳩山《はとやま》内閣は一九五六年十月十四日、測量打切りを声明した。

しかし岸《きし》内閣のもとで、アメリカの戦略に積極的に協力する路線がとられ、岸首相がアイゼンハワー大統領と会談するために訪米していた最中の一九五七年六月二十日、基地内民有地の測量が公示され、砂川基地拡張が反対を押し切って強行された。今回は総評《そうひょう》・社会党が動員を中止し、地元反対同盟・全学《ぜんがく》連《れん》・青年労働者らによる測量阻止闘争が組織され、測量隊の活動を阻止するためピケットラインが張られたが、七月七日、警官隊はこのピケを実力で突破し、測量を強行させた。この事件から二カ月以上ものちの九月二十二日、学生・労働者二五人が、基地内に柵を破壊して乱入したとし、「行政協定の実施にともなう刑事特別法」第二条違反容疑で逮捕され、十月一日、七人が起訴された。この審理は東京地方裁判所で行われ、日米安保《にちべいあんぽ》条約が日本国憲法第九条の規定に合致するか否かが争点となり、伊達秋雄《だてあきお》▲裁判長は一九五九(昭和三十四)年三

▼**世論の激しい反発**　当時の新聞が「警官隊暴徒と化す」と報じたほど、強引な測量に対する反発が強かった。

▼**伊達秋雄**　一九〇九〜九四年。東京地方裁判所で砂川事件の裁判長となり、米軍基地の設置を違憲として被告に無罪を言い渡した。のち、法政大学教授となった。

月十日、外国軍隊の駐留は憲法に違反する、したがって被告は全員無罪とするとの判決を言い渡した。検察側は跳躍上告、最高裁は十二月十六日、判決の破棄と審理の差戻しを命じた。

岸内閣の登場と役割

一九五〇年代のなかばにはビキニ水爆実験を契機にあらたな「ヒバクシャ」が生まれ、マグロやカツオが放射能に汚染されて、このような原水爆実験を強行するアメリカに憎悪を感じる者がふえ、原水爆禁止運動は急速に支持を拡大した。また砂川事件に代表されるように、米軍基地の拡張のために警察力が大々的に動員され、流血の弾圧が加えられる事態は、在日米軍と基地に対する国民の世論をきわめて悪化させた。日米両国政府はこの世論を沈静化する方策を模索した。

ビキニ事件については、一九五五(昭和三十)年一月四日、鳩山内閣の重光《しげみつ》葵《まもる》外相とアリソン▲米駐日大使とのあいだで交わされた政治決着により、アメリカ政府が慰謝料として二〇〇万ドル(七億二〇〇〇円)を支払い、以後は、日本側

▼ジョン＝M・アリソン　六七ページ頭注参照。一九五三～五六年、米駐日大使をつとめた。

が一切の賠償をアメリカ政府や関係法人・個人に請求または提訴する権利を放棄することを取り決めた。両国政府は当初一〇〇万ドルでの決着を予想して交渉を始めたが、久保山愛吉さん死去のあと日本側は、それでは「吉田内閣が倒れ、日米関係が傷つく」(岡崎勝男《おかざきかつお》外相)としてあと一〇〇万ドルを上乗《うわの》せさせたことが知られている。なおビキニ事件の一九五四(昭和二十九)年三月から八月までの損害は概算二六億円に達するとされている。

この政治決着の約半年後の一九五五年八月二十五日から九月一日にかけて、重光葵外相が訪米しダレス国務長官らと会見した。アメリカ側は、重光の意図が政権の威信を高める第一歩として、日米安保条約を改定して日本の発言力を高め、これを相互防衛条約に近づけることにあると把握していた。二十九日に行われた重光・ダレス会談で、重光が安保条約の改定交渉を開始したい旨を切りだすと、ダレスはまだ機が熟していないとして拒否したが、三十一日に発表された「重光・ダレス共同声明」では、日本が「西太平洋の国際の平和と安全の維持に寄与することができるような諸条件」が実現された場合には、両国が「安全保障条約をより相互性の強い条約に置き代える」ことに合意した旨を確認した。

注目すべきことは、この重光訪米に民主党幹事長であった岸信介《のぶすけ》が同行していたことである。岸は『ニューズ・ウィーク』誌の幹部であったハリー＝カーンのダレス国務長官宛の推薦状をもって随行し、そのお陰で重光とアメリカ政府要員との会談に同席することができたのである。

この会談は多岐にわたった。まず、日本の国連加盟を実現するにはソ連の同意が必要であり、それには日本とソ連が国交を回復することを避けることができないので、アメリカは日ソの国交回復問題と領土問題には介入しない態度でいることが示された。アメリカはソ連に千島《ちしま》・南サハリンを領有する権利はないと考え、かつ歯舞《はぼまい》・色丹《しこたん》は本来日本領であるという見地に立っていたが、これを冷戦《れいせん》論理に位置づけてソ連を攻撃すれば、ソ連は日本の国連加盟に対して拒否権を発動することが明白であったからである。また日本の工業近代化の推進、国内での道路建設の促進、日本と東南アジアの開発資金の問題、賠償交渉の支援などが議論された。まさにＮＳＣ五四二九に要約された「行動方針」具体化のための討議であり、岸内閣は成立後、この議論の具体化をめざすのである。

岸内閣が正式に発足するのは、一九五七(昭和三十二)年二月二十五日であり、石橋湛山《いしばしたんざん》内閣で外務大臣をつとめていた岸が、湛山が脳軟化症のために辞任を余儀なくされたあと、臨時首相代行をへて組閣したものである。しかし一九五五年十一月の「保守合同」による自由民主党の成立をへて、保守勢力のとるべき行動路線の明確化を意図した保守本流内閣をめざしたといわねばならない。

岸内閣が最初に取り組んだのは、原水爆の投下・実験・備蓄に対する国民の強い反対世論の流れを変え、「原子力の平和利用」の象徴としてアメリカから導入された濃縮ウランによる原子力発電を宣伝し定着させることであった。日米原子力協定▲は一九五五年六月に仮調印され、翌五六(昭和三十一)年五月、日本原子力研究所のウォーター・ボイラー型原子炉が茨城県東海村《とうかい》に設置され、八月二十七日、原子炉での連鎖反応が始まった。この導入の動機は「原爆反対を潰すには、原子力の平和利用を大々的に謳い上げ、希望を与える他はない」というものであった。この宣伝を買って出たのが、読売新聞社社長の正力松太郎《しょうりきまつたろう》であり、『読売新聞』一九五五年元日号に「アメリカ原子力平和使節団」を招聘《しょうへい》する旨の社告を掲載し、以後五カ月間にわたり、日本テレビとともに「原子力平

▼日米原子力協定　一九五五年六月二十一日仮調印、十一月十四日(日本時間十五日)、ワシントンで調印された。アメリカから日本への濃縮ウラン貸与協定で、研究原子炉用に濃縮ウラン二三五を、六キロを限度にアメリカから日本に貸与すること、使用済み燃料のアメリカへの返還、貸与燃料を目的通り使用することを義務化し、その記録を毎年報告するよう義務づけることが協定された。なお、この一カ月後の十二月十六日、原子力基本法が制定され、原子力の利用は平和目的に限り、民主的運営のもと、自主的に事を行い、成果を公開し、国際協力に資することが規定された。

和利用」キャンペーンを進め、国民の「核アレルギー」の除去につとめた。正力は初代科学技術庁長官として鳩山内閣に入閣したが、岸内閣のもとでも原子力委員長をつとめ、東海村原発を民間電力会社が八〇％・政府が二〇％を出資する日本原子力電力会社とさせた。岸首相は、内閣改造時に正力をふたたび入閣させ、原子力問題担当大臣にすえた。また岸内閣のもとで最初に成立した重要な法律は原爆医療法であったが、治療者の対象を広島・長崎の被爆者に限定し、立法の契機である山下義信《やましたよしのぶ》▲社会党参議院議員の提案にあったビキニ水爆事件被害者や今後の被害者とその子孫などへの対策は、対象から除かれた。

一九五七年五月二十日、前年七月に総理大臣の諮問機関として発足した国防会議が、船田中《ふなだなか》▲防衛庁長官を通じて「国防の基本方針」を閣議に提出し、「民生を安定し、愛国心を高揚し、国家の安全を保障するに必要な基盤を確立する」、「国力国情に応じて……効率的な自衛力を漸進的に整備する」などを決定した。これは、重光・ダレス声明で指摘された安保条約改定のための「条件」を計画的に実現するためである。その日、岸首相は東南アジア六カ国歴訪の旅に出発したが、その間、防衛庁は「第一次防衛力整備計画」の策定を進めた。

▼**山下義信**　一八九四〜一九八九年。浄土真宗《じょうどしんしゅう》僧侶であったが、戦後私財を投じて広島戦災児育成所を設立し、社会党参議院議員となり、厚生委員会委員長などで活躍、被爆者問題に熱心であった。

▼**船田中**　一八九五〜一九七九年。栃木県生まれ。東大卒。東京市助役などをへて一九三〇年代議士、近衛内閣の法制局長官、大政《たいせい》翼賛会《よくさんかい》幹部となり、戦後公職追放。一九五五年、鳩山内閣の防衛庁長官となる。

岸のアジア歴訪は、六月十九日に予定された訪米にさきだって「東南アジアを先に回って……アジアを代表する日本にならなければならない。それらの国々の首脳と会ってアジアの将来を考え、アメリカとの関係を緊密にしなきゃならないと考えた」ためとされる(『岸信介の回想』)。訪問先は平和条約と賠償協定が締結され、国交を回復し賠償の支払いを始めていたビルマ(現ミャンマー)のウー＝ヌ▲首相、平和条約を締結し、そのなかで賠償を放棄したインドのネルー▲首相をはじめ、インドとのカシミール紛争をかかえたパキスタン、セイロン(現スリランカ)、タイ、平和条約を締結した台湾の蔣介石《しょうかいせき》▲総統であり、アジア経済開発の促進について論じ、とくにネルーとはさらに原水爆実験禁止について語った。岸がこの歴訪で重点をおいたのは、経済開発の促進であり、訪米して「アジア開発基金」構想を提起し、支援を引きだそうと意図していた。

アジア歴訪から帰国して一〇日のちの六月十四日、岸内閣は第一次防衛力整備計画(「一次防」)を承認した。これは保安庁時代に設置された「制度調査委員会」が検討を重ねて作成した第十次案に修正を加えたものであるが、その要点は、一九五八〜六〇(昭和三十三〜三十五)年の三年間を対象として防衛力の増強

▼**ウー＝ヌ**　一九〇七〜九五年。一九四八年一月四日、ビルマ独立とともに首相となり、五四年十一月四日、対日平和条約および賠償協定を調印、第六回世界仏教会議の開催を推進した。

▼**ジャワハルラル＝ネルー**　一八八九〜一九六四年。インド国民会議派を率いて独立運動を推進、一九四七年独立達成とともに初代首相。一九四九年九月、上野動物園にインド象「インディラ」を寄贈、五一年九月八日、日印《にちいん》平和条約を結ぶ意思を通知、五二年六月九日、対日平和条約を締結、賠償を放棄した。一九五五年四月、バンドン会議で大活躍した。

▼**蔣介石**　一八八七〜一九七五年。中国国民政府首席、初代総統。一九三五年、第二次国共合作《こっきょうがっさく》を結んだが、戦後、国共内戦に敗れ、四七年台北に遷都した。

を計画的に進めようとするものであり、戦後定着していた予算の単年度主義の枠が防衛予算に関してははずされたのである。この計画は、陸上自衛隊は自衛官を一八万人、予備自衛官を一万五〇〇〇人とし、海上自衛隊は艦艇を一二万四〇〇〇トンに、航空自衛隊は航空機を一三〇〇機に増強することを目標とした。これはアメリカ側が期待する軍事面での「自助努力」に応え、安保条約改定交渉の開始に了承を取りつけるとともに、在日米軍の引揚げを早期に実現させるものであった。

岸首相は六月十九日にワシントンを訪問し、その日のうちにアイゼンハワー大統領と会談した。この結果は二十一日、「岸・アイゼンハワー共同声明」として発表されたが、それは「一九五一年の安全保障条約が永久に存続することを意図したものではないという了解を確認」し、日米安保条約の改定に向けて交渉を始めることを事実上認めるものであった。具体的には安保条約の改定を議論する日米安全保障委員会を設置すること、在日米軍を大幅かつ急速に撤退させること、アメリカからの沖縄の施政権返還はもとより「プライス勧告」による基地拡張などの問題には関与しないことを黙認したものであった。なお岸は、日本がイニシアティヴをとって「アジア経済開発基金」を設立するためにアメリカの援助を求めたが、これは拒否された。

日米安保条約改定交渉の開始

岸は首脳会談直後の記者会見で、これを「日米新時代の到来」と要約した。彼は帰国した直後から内閣改造に着手し、一九五七（昭和三十二）年七月十日に組閣をおえた。その最重点は、安保条約改定交渉にあたる外務大臣におかれ、日本商工会議所会頭の藤山愛一郎《ふじやまあいいちろう》を起用した。藤山は戦前から岸に政治資金の援助をしていたほか、戦後はフィリピンに対する賠償交渉の政府全権をつとめた経歴をもっていた。同年八月六日、日米安保委員会が発足した。

藤山外相は翌一九五八（昭和三十三）年九月十一日、ダレス国務長官を訪問し、会談のなかで安保条約の改定について正式の合意を取りつけた。九月二十八日、これを受けて日本政府・自民党連絡会議が開かれ、新条約締結という方式で安保条約の改定交渉を行うこと、および交渉を十月から開始することが合意され、これにそって藤山外相は十月四日、マッカーサー▲駐日大使とのあいだで改定交

▼**ダグラス＝マッカーサー二世**
一九〇九～九七年。エール大卒。国務省にはいり、一九四四年、連合国派遣軍総司令部顧問団書記官、五三年国務省参事官、五六年十二月、駐日特命全権大使に任命され、五七年二月着任、日米安保条約改定交渉につとめ、六一年三月離日。ダグラス＝マッカーサーの甥。

▼経済的協力の条項　一九六〇年一月の岸訪米時にアメリカ側作成の「背景説明書」には、「この条約は[太平洋地域の他の相互安全保障条約のような]純粋な安全保障条約よりはある程度範囲が広く、政治的および経済的協力の条項を含んでいる」と明記されている。

渉を開始した。

ダレスが日米安保条約の改定に同意したのは、アメリカの対アジア戦略の変化と深く関連している。一九五七年一月十日、米国家安全保障会議はＮＳＣ五七〇一を採択し、このなかで新興独立諸国のブロック＝「非同盟」「反植民地主義」「経済開発への熱望」に基づく「アジア・アフリカ地域」が形成されつつあることを重視し、しかもこの地域にソ連や中国が経済援助や文化的交流を通じて接近し、急速に信頼と影響力を強めつつあることを警戒すべきであるとした。そしてこれに対抗するには、アメリカの援助政策が同盟条約を結んだ国への軍事援助にかたよっていたことを反省し、非同盟・中立を標榜する国に対しても開発援助を積極的に進めるべきとされた。これはロストウらの開発理論がより体系化され、アメリカ政府を一層強く動かすようになったことを意味するものである。

そのため、アメリカは日米新安保条約に、軍事的協力だけでなく経済的協力の条項▲を加える必要を感じていた。したがってアメリカが安保条約の改定に同意したのは、けっして「第一次防」に満足したからではない。少し先回りすることになるが、岸首相が同条約の調印のために訪米した「第一次防」完成年度の実情について、アメリカ側は正確に把握し、相当な不満をもっていたことは、「背景説明書」▲に明記されている。それには自衛隊の増強計画が捗《はかど》っていないことを指摘したうえ、その背景が第二次世界大戦の敗北からくる大衆の意気消沈と、大衆のより高い生活水準への恐るべき渇望が政治家たちに、防衛予算へ多くを割くことをためらわせているというのである。アメリカは新安保条約下の日本に、軍事的増強よりも、ロストウ路線の共同推進者の役割をより大きく期待したといえよう。

岸内閣は、「第一次防」がそうであったように、アジアの経済開発を支援するための実力をいわば「泥縄」的に育成するという課題を背負っていた。すでに日本生産性本部により、重化学工業の技術革新と生産力の拡張は進んでいたが、この基盤となるインフラ、とくに道路の整備は眼を覆うばかりの後進的状態にあった。日本の高速自動車道路米国調査団として一九五六(昭和三十一)年五月に来日したワトキンス▲ほか七人が八月に提出した調査報告書では、「日本の道路は信じがたいほど悪い。世界の工業国でこれほど完全に道路網を無視してき

▼**軍事問題に関する「背景説明書」** これによれば、日本の陸上自衛隊の予定した定員一八万人に一万人の欠員があり、海上自衛隊では計画に対する達成度が実戦用艦艇では三〇%、新式の対潜水艦用航空機では三五%にすぎず、航空自衛隊では、わずか一五%にしか達していないとしている。

▼**ラルフ＝J・ワトキンス** 統計学者、官僚。日本の建設省は、ワトキンスが世界銀行に人脈をもっており、世界銀行からの融資の仲介を期待できるうえ、当時の日本には高速自動車道路の専門家がいなかったため、ワトキンスほか七人の調査団を招いた。

た国は日本のほかにはない」とこきおろしたほどである。この報告書をもとに、建設省が中心となって作成した「国土開発縦貫自動車道建設法▲」は、岸内閣の成立直後の一九五七年四月十六日に成立し、その実行は岸内閣の肩に委ねられた。

同年十二月十七日、「新長期経済計画」が閣議決定された。これは、いわゆる「団塊《だんかい》の世代《せだい》」が生産年齢人口として労働市場に押しよせつつあり、かつ中小企業や農業に不完全雇用者が滞留しているという問題を解決するにたるだけの産業開発を急ぐべきであるとするものである。そのほか農業の機械化に対応できる農業構造の改革、技術革新にみあった科学技術者の育成、大企業と中小企業の格差の是正、社会保障の充実などを急がなければならないとするものである。

インフラの整備としてとくに急務とされたエネルギー産業の整備は、石油による火力発電への急速な転換がなされたが、これはおもにアメリカ輸出入銀行からえた借款《しゃっかん》により長期設備投資がまかなわれ、また一バーレル当り一ドル余の超安価な原油の輸入でスムースに進められた。

「新長期経済計画」の成果を国民に実感させたのは、石油化学コンビナートである。これは一九五五(昭和三十)年七月に策定された「石油化学第一期計画▲」に

▼国土開発縦貫自動車道建設法　一九五七年四月十六日、成立・施行。国土の全面的開発をはかるため、北海道から九州の鹿児島までを高速幹線自動車道路で結ぼうとするもので、中央・東北・北海道・中国・四国・九州の各自動車道路の建設が予定された。

▼石油化学第一期計画　通産省の決定した石油化学コンビナート建設計画で、一九五五～六〇年を期とした。五五年八月、四日市・徳山・岩国の旧海軍燃料廠を民間企業に払い下げ、四日市に三菱《みつびし》油化、岩国に三井《みつい》石油化学、川崎《かわさき》に日本石油化学、新居浜《にいはま》に住友化学を誘致し、「コンビナート先発四社」と呼ばれた。

そって推進されたものであるが、四日市《よっかいち》・徳山《とくやま》・岩国《いわくに》の旧海軍燃料廠《ねんりょうしょう》(国有地)の払下げを受け、「コンビナート先発四社」が設立された。

岸内閣のもとでは一九五七年六月、合成ゴム製造事業特別措置法が成立し、十二月に日本合成ゴム製造株式会社が設立された。これら石油化学コンビナートは、企業の設立当初から、操業を早く開始し収益をあげることが最優先され、地元自治体にも税収をもたらし、住民の生活水準の上昇を実感させる「魔力」を示したが、同時に大気汚染や水質汚染などの防止は二の次とされた。岸内閣のもとでの公害《こうがい》では、本州製紙江戸川《えどがわ》パルプ工場による水質汚染に対して沿岸の漁民が激怒し、企業に押しかけて乱闘事件を起こした問題が広く報道された。さらに一九五九(昭和三十四)年には四日市ぜんそくが一大社会問題となり、学童にまで広く被害をおよぼし、「開発行政」のイメージをはなはだしく傷つけた。

またこのような経済開発は、賠償支払いに応ずるのには十分な生産力や技術力をもたらしたが、岸内閣のもとでは、日本がアジア諸国に投資するための潤沢な資金をもった「アジアの開発センター」となるだけの条件はまだ熟していなかった。設備投資に忙殺されて対米輸入が激増し、輸出を上回り続けたからで

▼合成ゴム製造事業特別措置法　一九五三年六月一日成立・施行。未熟であった合成ゴム工業を育成するため、政府が助成することを規定した。これにより国策会社の日本合成ゴム株式会社が発足した。

▼四日市ぜんそく　四日市市に四日市第一コンビナートが操業を開始すると、硫黄酸《いおうさん》化物《かぶつ》(SO_2)が大気を汚染し、多くの住民に喘息を発症させた。一九五〇年代末から社会問題化し、七二年まで続いた。

ある。

警職法闘争

一九五八（昭和三十三）年十月八日、岸内閣は「警察官職務執行法改正案」（略称「警職法《けいしょくほう》」）を国会に上程した。これも、岸自身がのちに語ったように、安保条約の改定に対して「相当の反対が予想」されるので、「その反対をあくまで押切ってやるという強い決意をもち……その秩序を維持するための前提としてどうしても必要だと考えていた」（『岸信介の回想』）という立場からだされたものである。

この上程は、日教組・総評が九月十五日に設定した勤評反対全国統一行動によって勤評闘争▲がヤマ場を迎えた三週間後のことであり、これら運動団体は、警職法に対して機敏に対応した。社会党や共産党もただちに反対姿勢を表明▲した。実際、警職法改正案では、労働組合事務所・集会・宿舎など土地や建物への立入り、集会などを「制止」によって中止させ、「凶器の所持」を理由に令状なしで身体検査ができるようにし、「保護」の名で逮捕状なしに留置できるように

▼**勤評闘争**　一九五七年九月十日、文部省が公立学校教職員に対する勤務評定を徹底させるよう通達。これに対し、日教組・各都道府県教組は反対闘争を展開した。高知県教組は「勤評は戦争への一里塚」というスローガンを掲げた。

▼**反対姿勢を表明**　社会党は警職法案が上程された十月八日、通達をだし、この法案は「非常に反動的であり……絶対阻止」すべきであり、「警職法阻止反対共闘会議を作る」予定で、その宣伝の重点を「警察国家の恐怖の記憶を呼びもどさせる」こととした。共産党は十月九日の『アカハタ』で、「この改正は軍国主義の復活を図る一連の政策の主要な部分をなすものであり……このような陰謀を粉砕するよう呼びかける」とした。

するなど、その権限が飛躍的に拡大強化されるようになっていた。

十月十三日、社会党・総評・全労会議・中立労連を含めた六五団体による「警職法改悪反対国民会議」が結成された。それは参加団体の加盟人員合計が五〇〇万人にのぼる大規模な共闘組織となった。当時若者に人気の高かった『週刊明星』が十一月九日号に「デートも邪魔する警職法」という記事を載せ、これが合言葉となって政治に無関心であった若者も国民会議が提起した全国統一行動に多数参加し、集会やデモの規模がいちだんと拡大した。国民会議は十月から十一月にかけて、五次にわたる統一行動を主催したが、それは、国会で多数を占める与党が警職法を強硬に通過させることを国民運動によって包囲し、断念させ、廃案を余儀なくさせようとしたものである。都道府県ごとの地方共闘会議もすばやく組織され、法学・歴史学など各分野の学会もこれに呼応して警職法に対する反対の声明を発表し、講演会や学習会を開き、世論の喚起につとめた。

この運動が広がりつつあった十月十四日、岸首相がアメリカＮＢＣのブラウン記者とのインタビューで、安保条約改定に強い意欲をもっていることを語り、さらに「日本国憲法は海外派兵を禁じているので改正しなければならない。憲法第九条を廃止すべきときが到来した」と述べたと報じられた（十五日）。この報道は、警職法改正と安保条約改定とが日本にアメリカと共同した戦争を準備するものと考える風潮を定着させた。また、前年の一九五七（昭和三十二）年五月七日、岸首相が「自衛の範囲なら核兵器の保有も合憲」と発言したことも、このなかで強く想起され、安保条約が改定され、自衛隊が米軍と共同作戦を行えば、日本が核戦争に巻き込まれるという危惧が強まった。十一月五日、国民会議は五日に統一行動を予定し、この一環として総評と全労会議などの労組員四〇〇万人が、警職法反対という課題のみでストライキを打ち、国民会議の実力を示した。

このような国民運動の高揚は、自民党内部の反主流派の動きを活発化し、池田勇人らは、警職法の廃案を条件に社会党党首と会談すべきだと主張した。岸首相らは、内閣の存続と安保条約の改定の実現のためにはこれをいれるしかないと判断し、十一月二十二日の岸・鈴木茂三郎《もさぶろう》▲両党首会談の席上、同法案を廃案にすることで合意した。こうして、国民運動の力が警職法改正案をほうむっ

▼鈴木茂三郎　一八九三～一九七〇年。早大卒。戦前、無産政党に参加、一九四〇年、人民戦線《じんみんせんせん》事件で検挙、四五年十一月免訴され、日本社会党結成に参加し、五一年講和・安保問題で社会党が分裂した際、左派社会党の委員長となり、五五年統一後にも委員長、五八年警職法反対闘争を指導し、岸首相に審議未了・廃案を承認させた。

たのである。

安保改定阻止国民会議の誕生と新条約調印

警職法闘争は、疑いもなく安保闘争の予行演習の役割を果たした。このなかで、原水爆禁止・憲法擁護・軍事基地反対・日中国交回復などの運動がたがいに関連しあい、一つの運動に結集できることを、関係者たちに理解させたのである。そのため、「安保条約改定阻止国民会議」は、新安保条約が調印されるより一〇カ月も前の一九五九(昭和三十四)年三月二十八日、東京・八重洲口《やえすぐち》の国労会館で結成された。

一九六〇(昭和三十五)年一月十九日、日米新安保条約は、訪米した岸首相とアイゼンハワー大統領により、ワシントンで調印された。しかし、この調印は、必要な諸条件が整わないままになされた、いわば早産の産物であった。岸首相自身が、国民の反対運動を封じ込めることを目的として国会に上程した警職法改正案は、まさに国民の反対運動によって葬り去られていた。「アジアを代表する日本」の象徴となる経済成長は緒についていたが、国民の生活水準の劇的変化にはほど遠く、若者に将来への希望をあたえなかったばかりか、むしろ「公害」が早くも実感され、反感をかもしつつあった。アジア諸国に対する賠償交渉はほぼまとまったものの、アジア諸国への大規模な開発を進めるのに必要な外貨準備は蓄積されていなかった。沖縄県民は米軍の施政権下に置かれ、「プライス勧告」による強引な土地取り上げに苦しみ、祖国復帰運動を本格的に強めつつあった。

このようななかでの新安保条約の調印が、かつてない「六〇年安保闘争」の渦中でなされ、岸内閣を崩壊させるにいたるのは、むしろ当然というほかない。この過程の詳細については拙著『新安保体制下の日米関係』(日本史リブレット67)を参照されたい。

歴史学研究会編『講座世界史９—解放の夢—大戦後の世界』東京大学出版会, 1996年
歴史学研究会・日本史研究会編『講座日本史11』東京大学出版会, 1984年
歴史学研究会・日本史研究会編『講座日本史12』東京大学出版会, 1985年
和田春樹『朝鮮戦争』岩波書店, 1995年
渡辺昭夫・宮里政玄編『サンフランシスコ講和』東京大学出版会, 1986年
Gacek, Christopher M., *The Logic of Force : The Dilemma of Limited War in American Foreign Policy*, Columbia University Press, New York, 1994.
Hockley, Anthony F., *Official History : The British Part in the Korean War*, Vol.1-2, H.M.S.O., London, 1990 & 1995.
Rostow, Wolt W., & Hatch, Richard W., *An American Policy in Asia*, John Willey & Sons, New York, 1955.
Rostow, Wolt W., *The Diffusion of Power : An Essay in Recent History*, Macmillan, New York & London, 1972.
Schnabel, James F., & Watson, Robert J., *The History of the Joint Chiefs of Staff : The Joint Chiefs of Staff and National Policy*., Vol.1-4, Michael Glazier Inc., Wilmington, 1979-80.

●——写真所蔵・提供者一覧（敬称略, 五十音順）

共同通信社　p.92
（財）第五福竜丸平和協会　カバー裏
毎日新聞社　カバー表・裏, p.19・30・31・36・43・60・89・93・94
読売新聞社　p.88

●――参考文献

粟屋憲太郎『東京裁判への道』上・下，講談社（講談社選書メチエ），2006年
五十嵐武士『対日講和と冷戦―戦後日米関係の形成―』東京大学出版会，1986年
大石又七『ビキニ事件の真実―いのちの岐路で―』みすず書房，2003年
小此木政夫『朝鮮戦争』中央公論社，1986年
岸信介・矢吹一夫・伊藤隆『岸信介の回想』文芸春秋社，1981年
草地貞吾『自衛隊史―日本防衛の歩みと進路―』日本防衛調査協会，1981年
経済団体連合会防衛生産委員会編『防衛生産委員会十年史』防衛生産委員会，1964年
佐々木隆爾『サンフランシスコ講和』岩波書店（岩波ブックレット，シリーズ昭和史No.11），1998年（2008年再版）
下斗米伸夫『アジア冷戦史』中央公論社（中公新書），2004年
ジョン＝ダワー著，大窪愿二訳『吉田茂とその時代　下―1945-54―』TBSブリタニカ，1981年
竹前栄治『GHQ』岩波書店（岩波新書），1983年
チャールズ＝ウェザーズ，海老塚明編『日本生産性運動の原点と展開』社会経済生産性本部生産性労働情報センター，2004年
ドワイト＝D.アイゼンハワー著，仲晃・佐々木謙一ほか訳『アイゼンハワー回顧録』みすず書房，1965年
中村隆英・御厨貴編『聞き書　宮澤喜一回顧録』岩波書店，2005年
中村隆英・宮崎正康編『岸信介政権と高度成長』東洋経済新報社，2003年
西村熊雄『日本外交史27　サンフランシスコ平和条約』鹿島研究所出版会，1971年
平松茂雄『中国と朝鮮戦争』勁草書房，1988年
フランク＝コワルスキー『日本再軍備』サイマル出版会，1984年
細谷千博・有賀貞・石井修・佐々木卓也編『日米関係資料集―1945-97―』東京大学出版会，1999年
宮城大蔵『バンドン会議と日本のアジア復帰―アメリカとアジアの狭間で―』草思社，2001年
歴史学研究会編『日本同時代史③―55年体制と安保闘争―』青木書店，1990年

日本史リブレット101
占領《せんりょう》・復興期《ふっこうき》の日米関係《にちべいかんけい》
2008年8月25日　1版1刷　発行
2023年5月30日　1版4刷　発行
著者：佐々木隆爾《ささきりゅうじ》
発行者：野澤武史
発行所：株式会社 山川出版社
〒101－0047　東京都千代田区内神田1－13－13
電話　03(3293)8131(営業)
03(3293)8135(編集)
https://www.yamakawa.co.jp/
振替　00120-9-43993
印刷所：明和印刷株式会社
製本所：株式会社 ブロケード
装幀：菊地信義

Printed in Japan ISBN 978-4-634-54713-1

日本史リブレット 第Ⅰ期［68巻］・第Ⅱ期［33巻］ 全101巻

1 旧石器時代の社会と文化
2 縄文の豊かさと限界
3 弥生の村
4 古墳とその時代
5 大王と地方豪族
6 藤原京の形成
7 古代都市平城京の世界
8 古代の地方官衙と社会
9 漢字文化の成り立ちと展開
10 平安京の暮らしと行政
11 蝦夷の地と古代国家
12 受領と地方社会
13 出雲国風土記と古代遺跡
14 東アジア世界と古代の日本
15 地下から出土した文字
16 古代・中世の女性と仏教
17 古代寺院の成立と展開
18 都市平泉の遺産
19 中世に国家はあったか
20 中世の家と性
21 武家の古都、鎌倉
22 中世の天皇観
23 環境歴史学とはなにか
24 武士と荘園支配
25 中世のみちと都市
26 戦国時代、村と町のかたち
27 破産者たちの中世
28 境界をまたぐ人びと
29 石造物が語る中世職能集団
30 中世の日記の世界
31 板碑と石塔の祈り
32 中世の神と仏
33 中世社会と現代
34 秀吉の朝鮮侵略
35 町屋と町並み
36 江戸幕府と朝廷
37 キリシタン禁制と民衆の宗教
38 慶安の触書は出されたか
39 近世村人のライフサイクル
40 都市大坂と非人
41 対馬からみた日朝関係
42 琉球の王権とグスク
43 琉球と日本・中国
44 描かれた近世都市
45 武家奉公人と労働社会
46 天文方と陰陽道
47 海の道、川の道
48 近世の三大改革
49 八州廻りと博徒
50 アイヌ民族の軌跡
51 錦絵を読む
52 草山の語る近世
53 21世紀の「江戸」
54 近代歌謡の軌跡
55 日本近代漫画の誕生
56 海を渡った日本人
57 近代日本とアイヌ社会
58 スポーツと政治
59 近代化の旗手、鉄道
60 情報化と国家・企業
61 民衆宗教と国家神道
62 日本社会保険の成立
63 歴史としての環境問題
64 近代日本の海外学術調査
65 戦争と知識人
66 現代日本と沖縄
67 新安保体制下の日米関係
68 戦後補償から考える日本とアジア
69 遺跡からみた古代の駅家
70 古代の日本と加耶
71 飛鳥の宮と寺
72 古代東国の石碑
73 律令制とはなにか
74 正倉院宝物の世界
75 日宋貿易と「硫黄の道」
76 荘園絵図が語る古代・中世
77 対馬と海峡の中世史
78 中世の書物と学問
79 史料としての猫絵
80 寺社と芸能の中世
81 一揆の世界と法
82 戦国時代の天皇
83 日本史のなかの戦国時代
84 兵と農の分離
85 江戸時代のお触れ
86 江戸時代の神社
87 大名屋敷と江戸遺跡
88 近世商人と市場
89 近世鉱山をささえた人びと
90 「資源繁殖の時代」と日本の漁業
91 江戸の浄瑠璃文化
92 江戸時代の老いと看取り
93 近世の淀川治水
94 日本民俗学の開拓者たち
95 軍用地と都市・民衆
96 感染症の近代史
97 陵墓と文化財の近代
98 徳富蘇峰と大日本言論報国会
99 労働力動員と強制連行
100 科学技術政策
101 占領・復興期の日米関係